Aus Liebe zum Wirklichen

*Die letzte und endgültige Einkehr
der Gnostiker besteht darin,
dass sie mit dem Wirklichen identisch sind,
während sie selbst nicht existieren.*

Ibn ʿArabī[1]

»... es kommt eine Zeit, in der die Versenkung so allumfassend ist, dass der Ort, an dem man sich befindet, die Ortlosigkeit ist und das eigene Zuhause die Obdachlosigkeit. Hier fließen Form und Formlosigkeit ineinander über, und man lebt im unaufhörlichen Wunder von Geschaffenem und Ungeschaffenem. Das Leben ist Fülle und Leere. Dies ist das Mysterium, das uns alle verbindet. Hier sind wir eingetaucht in Anwesenheit und Abwesenheit, den Duft von Rosen und Süßklee und das unermessliche, berauschende Andere.«

»Zwischen den Zeilen dieser Geschichte wird das Band der Liebe sichtbar, das alles verbindet, was existiert. Dieser Bund der Liebe ist, was wirklich wichtig ist, und dies ist die Geschichte, die ich zu erzählen versuche: alles ist durchdrungen von dieser Liebesbeziehung. Es ist ein Liebesbund, der niemals gelöst werden kann – sonst würden die Welten auseinanderfallen. Ich hoffe, diese Geschichte vermittelt ein Gefühl für diese Beziehung, diese Liebe, und die Erfahrung wahrer Zugehörigkeit.«

Llewellyn Vaughan-Lee

»Bei meinen Begegnungen mit Gelehrten und Praktizierenden des Sufismus war ich oft nicht nur beeindruckt von ihrem Interesse, das Selbst und die Natur der Realität zu erkennen – Fragen, mit denen auch wir Buddhisten ringen – sondern auch von ihrer Begeisterung zu erforschen, welche Antworten andere Traditionen auf diese Fragen geben. Llewellyn Vaughan-Lee, ein Vertreter des Naqshbandiyya-Mujaddidiyya Sufi-Ordens, legt in *Aus Liebe zum Wirklichen* dar, wie man sich im Angesicht der Wirklichkeit von der eigenen Selbstbezogenheit abkehrt. Das Buch wird all jene ansprechen, die auf der Suche nach einem sinnerfüllten Leben sind.«

Seine Heiligkeit der Dalai Lama

Llewellyn Vaughan-Lee, Dr. phil., ist ein Sufi-Lehrer. Er schreibt und hält Vorträge über die gegenwärtige Zeit des Übergangs und das erwachende globale Bewusstsein der Einheit. Sein Spezialgebiet ist die Traumarbeit, die alte Sufi-Methode der Traumdeutung, in Verbindung mit den Erkenntnissen der Psychologie C.G. Jungs. Unter seinen zahlreichen Publikationen sind *Sufismus: Die Transformation des Herzens*, *Mit der Einheit arbeiten* und *Spirituelle Macht, Fragmente einer Liebesgeschichte*.

AUS LIEBE
ZUM WIRKLICHEN

Eine Geschichte vom mystischen Geheimnis des Lebens

Llewellyn Vaughan-Lee

mit Hilary Hart

Oneness Center Publishing

Übersetzung: Franziska Espinoza

Impressum
© 2015 by The Golden Sufi Center
© 2017 Deutsche Ausgabe: Oneness Center Publishing, Bern

Die amerikanische Originalausgabe erschien unter dem Titel
»For Love of the Real« bei The Golden Sufi Center,
P.O. Box 456, Point Reyes, California 94956

Lektorat: Claudia Lehnherr
Buchgestaltung: Greta Horn
Herstellung: BoD – Books on Demand GmbH
www.oneness-center.ch
www.goldensufi.org

ISBN 978-3-9523830-4-9

INHALT

VORBEMERKUNG

Gott, der Große Geliebte, wird in diesem Buch manchmal als ER bezeichnet. Natürlich ist die Absolute Wahrheit weder männlich noch weiblich. Sie hat eine göttliche männliche, genauso wie eine ehrfurchtgebietende weibliche Seite. So werden auch die Begriffe das Wirkliche, Gott und das Absolute ohne Unterscheidung verwendet. Es sind Worte für eine ultimative Wirklichkeit, die in Ihrer wahren Natur jenseits aller Bezeichnungen ist.

VORWORT

Die folgenden Texte basieren auf einer Reihe von Vorträgen, die ich zwischen 2002 und 2008 hauptsächlich am Omega Institute in Rhinebeck, New York, gehalten habe. Sie erkunden das zentrale esoterische Thema unserer Beziehung zum Wirklichen, zur Absoluten Wahrheit. Diese Lehren sind in die Tradition des Sufismus eingebettet und schließen auch buddhistische Prinzipien mit ein, doch sind sie nicht an eine bestimmte spirituelle Tradition gebunden, sondern gehören zum Fundament der Mystik. Sie sind Teil unseres ureigensten menschlichen Erbes: der Prägung des Göttlichen in der Seele.

Diese Texte haben eine Direktheit, die sowohl mit der Natur dieser Vorträge als auch mit dem Thema zusammenhängt. Es sind eine Reihe von Meditationen, die man nach und nach in sich aufnehmen sollte – wie einen Wein, den man Schluck um Schluck trinkt.

Ich bin Hilary Hart sehr dankbar dafür, dass sie diese Vorträge editiert und dazu beigetragen hat, diese Lehren zugänglich zu machen.

Ich hoffe aufrichtig, sie mögen die Leserinnen und Leser darin unterstützen, zu diesem essentiellen Kern zurückzukehren, der tief in jedem von uns verborgen ist, und sich daran zu erinnern, was wirklich ist.

Llewellyn Vaughan-Lee,
Inverness, California, 2015

EINLEITUNG
Vor Anbeginn

Vor dem Beginn, dort, wo es weder Form gibt noch Leere, weder Existenz noch Nicht-Existenz, hat das Wirkliche seinen Sitz. Unerreichbar und unerkennbar sehnte sich das Wirkliche danach, Sich Selbst zu erkennen, Sich Selbst zu lieben, Sich Selbst zu offenbaren. Und so nahm sie ihren Anfang, diese unendliche und doch in jedem Moment unmittelbar sich vollziehende Reise hin zu dem, was wir Dasein nennen, was wir als Leben erfahren.

Auf dieser Reise hat das Wirkliche viele Stufen durchschritten, viele Ebenen der Manifestation, und Es begann, sich sowohl zu verbergen, als auch zu offenbaren; denn paradoxerweise wurde Es umso verborgener, desto sichtbarer Es wurde, wie dies auch der große Meister Ibn 'Arabī ausgedrückt hat:

Wie kann ich Dich erkennen, wenn Du das zuinnerst
    Verborgene bist, das sich nicht erkennen lässt?
Wie kann ich Dich nicht erkennen, wenn Du das
    zuäußerst Manifestierte bist, das sich mir in
    allem zu erkennen gibt?[2]

Mystiker sind auf der Suche nach dem Wirklichen, nach dem Absoluten im Spiel der Manifestation, im Wunder und in der Schönheit des Lebens. Gleichzeitig drängt es sie, den Weg durch die Ebenen der Manifestation zurückzugehen, zurück zu der ursprünglichen Leere und weiter noch, zurück zur Quelle. Vom Wirklichen angezogen, so wie Eisenspäne von einem Magneten, begeben sie sich auf diese unmögliche Suche, um der Wirklichkeit willen. Das Absolute zieht uns zurück zu Sich Selbst. Und zugleich öffnet Es unsere Augen für das Wirkliche in der Schöpfung. Es lässt uns das Verborgene, das tiefste Geheimnis des Lebens sehen.

In der Welt, in der wir heute leben, ist so viel wirkliches Wissen verlorengegangen. Uns bleiben bloß wenige Spuren, Fragmente, erinnert nur in Mythen oder Märchen, welche man Kindern erzählt. So wie die antiken Bibliotheken, die alle niedergebrannt oder zerstört wurden, haben wir auch das Wissen um die Namen der Schöpfung und die Macht des Benennens verloren. Wir wissen nicht mehr um die Magie, welche die beiden Welten zusammenhält. Und genauso haben auch die meisten Frauen ihr uraltes, instinktives Wissen um die Geheimnisse der Schöpfung vergessen.

Sogar unsere Bilder von Spiritualität enthalten nur noch einen Hauch vom Wirklichen. Wenn die Menschen heute von spirituellem Erwachen sprechen, meinen sie ganz selten das vollständige Erwachen auf der Ebene des Selbst, den Zustand von *Samadhi*, in welchem wir reinste Seligkeit erfahren und volles Bewusstsein von unbegrenzter Liebe und Licht, die unserer göttlichen Natur eigen sind. Und die Bewusstwerdung im leeren Nichts der Nicht-Existenz oder der Wirklichkeit des Absoluten ist sogar noch weiter von unserem kollektiven spirituellen Bewusstsein entfernt.

Und noch entscheidender ist wohl, dass wir den tiefsten Sinn des Menschseins vergessen haben: wie wir teilhaben an der Entfaltung des Wirklichen in uns und um uns herum. Wenn so viel verloren gegangen, so viel vergessen worden ist, besteht die Gefahr, dass wir, weil uns die althergebrachten Werkzeuge fehlen, mit deren Hilfe wir die Natur des Wirklichen und den Sinn des Lebens verstehen, im Geflecht der Illusionen gefangen bleiben. In dieser Dunkelheit des Vergessens, im Licht, das allmählich erlischt, ist es unabdingbar, zu dem zurückzukehren, was wirklich und wahr ist, zum innersten Magneten unserer Existenz. Und im Kern unseres Seins ist das Absolute eingeprägt, diese eine Wirklichkeit, diese Urquelle, denn ohne Sie wäre kein Sein.

Auch wenn alles andere verzerrt ist, diese Prägung bleibt, wie ein Faden, der uns aus dem Labyrinth unseres Vergessens herausführt. Die folgenden Seiten erzählen die Geschichte dieser Prägung, dieser Erinnerung, die so essentiell ist.

Es ist eine Reise zur Mitte unserer Existenz, eine Suche nach dem, was wirklich ist.

Einige mögen sagen, dass es keiner solchen Reise oder Suche bedarf, dass alles um uns herum wirklich ist, und es nur unsere Wahrnehmungsmuster sind, die alles verzerren. Andere mögen sagen, dass alles eine Illusion ist, das endlose *Samsara* unseres Daseins, und nur das Absolute wirklich. Und paradoxerweise sind beide dieser Lehren wahr. Doch gibt es eine ältere Lehre, die davon erzählt, was vor dem Anfang war, vor der Entstehung der Gesetzmäßigkeiten unseres Daseins, noch vor dem ersten Atemzug.

Es ist ein Licht älter als die Dunkelheit, eine Erinnerung älter als das Denken. Wir müssen unbedingt zu diesem Wissen zurückkehren und dem treu bleiben, was in uns eingeprägt ist – diesem Ruf und unserer Antwort. Wir müssen das in uns eingeprägte Wissen aus den innersten Tiefen zurückbringen durch die Schleier der Schöpfung, zurückbringen durch das Einatmen und Ausatmen, zurück ins Bewusstsein, zurück ins Leben.

1

DEM ABSOLUTEN
DIENEN

Das Absolute ist wirklich. Es ist das Einzige, das wirklich ist.

Das Absolute existiert auf allen Ebenen der Schöpfung und über die Schöpfung hinaus in den dynamischen Dimensionen des Nichts. Und auch jenseits des Nichts. Es die Quelle von allem, was ist und nicht ist.

Jede Zelle in der Schöpfung enthält einen Samen, eine Substanz des Absoluten. Das Dasein – das, was wir die sichtbare Welt nennen – ist das Licht des Absoluten im Austausch mit dieser Substanz. Das sich durch die Ebenen des Nichts und die Ebenen der Existenz fortbewegende Licht des Absoluten wird von dieser Substanz in der Schöpfung widergespiegelt und kehrt zu der Quelle zurück.

Diese Welt von Pflanzen und Tieren, von Wolken und Erdboden, von Schönheit und Schrecken ist beides zugleich: ein Schleier und eine Widerspiegelung des Wirklichen. Aus der Perspektive des Ego ist sie ein Schleier, eine Illusion. Erfahren durch ein Herz im Einklang mit der Wahrheit, ist sie ein Ort göttlicher Offenbarung.

So wie das Absolute ein Samen in jeder Zelle der Schöpfung ist, so ist Es auch ein Samen im Herzen der Menschen. Das Herz besitzt verschiedene Kammern, und die innerste Kammer gehört einzig dem Absoluten. Im Sufismus wird diese Kammer das »Herz der Herzen« genannt. Sie ist ein Tor zur Wirklichkeit. Es ist das Geburtsrecht der Menschen, sich durch das Herz der Herzen mit dem Absoluten in Einklang zu bringen, sich bewusst mit der Wahrheit zu verbinden. Dies macht uns Menschen aus.

Doch das Absolute ist voller Absicht vor den meisten Menschen verborgen. Wie T.S. Eliot schrieb: »Die Menschheit erträgt nicht viel Wirklichkeit.«[3] Ohne entsprechende Vorbereitung kann ein flüchtiger Einblick in die Wirklichkeit überwältigend sein. Wenn die Schleier sich heben und wir auch nur für einen Augenblick den Glanz und die unendliche Natur des Göttlichen sehen, werden wir aus unserem Ego-Selbst herauskatapultiert. Durch das Erfahren einer Wahrheit, die der Verstand noch nicht einmal annähernd zu erfassen vermag, können ein ungefestigtes Ego-Bewusstsein oder eine fragile Psyche nur zu leicht zerstört werden.

In allen Zeiten haben spirituelle Meister Suchende mittels spiritueller Praktiken und Initiationen darauf vorbereitet, die Energie, die Macht und die ewige Natur des Absoluten zu erfahren. Diese Praktiken schaffen im Bewusstsein der Suchenden ein Gefäß, das es ihnen ermöglicht, eine höhere Ebene der Realität wahrzunehmen, ohne davon überwältigt zu werden oder Schaden zu nehmen.[4] Unterschiedliche Stufen der Initiation und ein lebenslanges Wandern auf dem Pfad bringen uns dem Wirklichen näher und näher.

Doch die Regeln haben sich verändert. Weil wir in eine neue Phase der Evolution eintreten und weil die Nöte der Menschheit derart groß sind, stehen nun gewisse, zuvor verschlossene Tore der Gnade offen. Eines dieser Tore hat mit der mystischen Verbindung zwischen dem Menschen und dem Absoluten zu tun, mit dem Drang des Absoluten, von der Menschheit um des Ganzen willen genutzt zu werden.

Die meisten Menschen haben keinen direkten Zugang zum Absoluten, weil es ihnen nicht möglich ist, über das Ego hinauszugehen. Das Ego mit seinen Wünschen, das durch die Welt der Sinne erfahren wird, ist das Einzige, was für sie existiert. Doch jenen, die sich danach sehnen, das Leben so zu erkennen, *wie es ist*, jenen, die den Drang haben, dem Wirklichen zu dienen, stehen neue Tore offen. Diese Menschen sind aufgerufen, an den gewaltigen Umwälzungen, die auf der Welt geschehen, mitzuwirken – um dem Bedürfnis der Zeit zu dienen und das Wirkliche wieder ins Leben zu bringen.

Doch um dies tun zu können, müssen wir uns an vieles erst wieder erinnern. Vor allem anderen müssen wir uns in Erinnerung rufen, dass die Schöpfung seit jeher dem Schöpfer eigen ist. *Die Welt gehört Gott.*

KOLLEKTIVES VERGESSEN

In vielen Kulturen war jeder Akt ein Akt des Erinnerns. Das Backen des Brotes, das Jagen der Tiere, das Erzählen von Geschichten, die Rituale von Geburt und Tod – alles dies bildete ein Geflecht von Erinnerung, in dem die Welten ineinander verwoben waren. Jede Handlung war eine Einladung an das Göttliche oder eine Feier des Göttlichen, jeder Akt war eine Gelegenheit, die Seele zu nähren.

Doch unsere Welt hat sich in einen seltsamen Ort verwandelt, in eine vom Himmel abgetrennte Öde, eine objektivierte Welt, in der nur *Dinge* zählen. Sie ist zu einem Ort geworden, der fast vollständig aus unseren Wünschen geschaffen, von rationalem Denken regiert und von ökonomischen Überlegungen angetrieben wird. Unsere Welt ist keine direkte Widerspiegelung der Wahrheit mehr; sie spiegelt uns selbst. Sie reflektiert die Verzerrungen unseres Ego. Statt des Funkens in unserem Herzen reflektiert sie den Machttrieb und die Gier der Menschheit.

Die Quellen des Lebens sind ausgetrocknet, weil sie nicht länger mit dem Absoluten verbunden sind. Dies ist keine Metapher. Die Quellen des Lebens sind die Kanäle, durch welche das Absolute in die Welt fließt und das Leben und die Menschheit nährt. Sie sind so verstopft, verschmutzt und beschädigt, dass der Fluss unterbrochen ist.

Dieses Phänomen ist nicht neu; im 13. Jahrhundert hat der Sufi-Dichter Fakhruddin 'Iraqī dies auch zu seiner Zeit beobachtet. Sich auf Khidr beziehend, einer Figur der göttlichen Offenbarung, hat er geschrieben: »Diese magische Quelle, von der Khidr einst das Wasser des Lebens getrunken hat, befindet sich in deinem eigenen Zuhause, doch du hast ihren Fluss blockiert.« Doch nun ist dieser Fluss des Absoluten zu Seiner Welt blockiert, und diese Blockierung hat sich derart verstärkt, dass sie das Leben vernichtet. Es sind nicht nur ökologische Probleme, welche diese Zerstörung verursachen. Die ökologischen Probleme sind die Widerspiegelung eines darunterliegenden spirituellen Problems.

Auf der höchsten Ebene der Manifestation – der Ebene des Selbst – und darüber hinaus, auf den Ebenen des Nichts, gibt es keine Verschmutzung. Doch um zu diesen Ebenen Zugang zu erhalten, braucht man in der Regel viele, viele Jahre spirituellen Trainings. Erfahrungen auf diesen Ebenen sind außerordentlich intensiv und können einen ohne weiteres überwältigen. Deshalb hat die Menschheit traditionellerweise mit der archetypischen Welt der Bilder und Symbole gearbeitet. Im Sufismus wird diese innere Welt des Imaginären als eine Brücke gesehen, als »Bindeglied zwischen der Welt des Mysteriums (*ʿālam al-ghayb*) und der Welt des Sichtbaren (*ʿalam al-shahādat*)«[5].

Durch dieses Zwischenreich und die Arbeit mit dessen Symbolen können Menschen den spirituellen Aufstieg von der physischen Welt zu der inneren Welt des Selbst unternehmen. Durch diese Ebene können wir Zugang zu der numinosen Energie des Göttlichen erhalten und von ihr genährt werden, ohne dass uns ihre Intensität überwältigt. So wird uns das *Manna*, was Gottes Geschenk ist, gegeben. Diese Energie gibt dem Leben seine wahre Bedeutung und ursprüngliche Lebenskraft.

Doch genauso wie wir die äußere Welt mit unseren nie endenden Wünschen verschmutzt haben, so haben wir auch die innere Welt verschmutzt und ihren Zufluss blockiert. Wir leben in einer Zivilisation, die von materialistischen Werten durchdrungen ist und sich derart ausschließlich auf die Ratio verlässt, dass sie sogar die Existenz der inneren Realität leugnet, die der gesamten Schöpfung zugrunde liegt und deren Energie die »Flussbetten des Lebens« bildet.

Es ist uns nicht bewusst, wie sehr diese Verleugnung, zusammen mit unserer Gier und unseren Wünschen, diese inneren Dimensionen in ein Ödland verwandelt hat. Monster der Gier und des Materialismus plündern sowohl die äußeren als auch die inneren Welten. Das Vergessen des Heiligen und der Missbrauch von Symbolen und Bildern hat das Leben auf den inneren und den äußeren Ebenen verzerrt.[6] So viele Orte der Zuflucht sind verlorengegangen, die Tempel des Imaginären sind verwüstet worden und die Haine, welche die heiligen Erdenergien bewahrten, kahl geschlagen durch den rationalen Verstand.

Die Wut des archetypischen Weiblichen, das Jahrhunderte von Missbrauch durch die patriarchalen Machtstrukturen erlitten hat, welche die Natur ohne Weisheit und auf rücksichtsloseste Weise beherrscht haben, hat ebenfalls dazu beigetragen, den Zufluss von der inneren Welt einzuschränken. Und näher noch an den Ebenen der Manifestation finden sich die korrupten Gedankenformen spiritueller Suchender, welche die spirituelle Energie nutzen wollen, um etwas für sich selbst zu bekommen, und statt dem Göttlichen ihrem eigenen Ego dienen.

Früher wurde die Energie von Ebene zu Ebene durch aktive Imagination und heilige symbolische Rituale mit den Archetypen und deren Symbolen hinuntergebracht. Diese althergebrachten Methoden funktionieren nicht mehr auf die gleiche Weise, weil die archetypischen Ebenen verzerrt worden sind. Früher funkelte die Lebensenergie in Reinheit, wie es dem Heiligen Johannes offenbart wurde:

Und er zeigte mir einen Strom vom Wasser des Lebens, klar wie Kristall; er geht vom Thron Gottes und des Lammes aus.[7]

Wenn nun heute das Wasser des Lebens bis zu uns gelangt, ist es genauso verschmutzt wie unser Trinkwasser.

Um das wieder zurückzubringen, was zerstört wurde, mussten sich neue Wege öffnen. Es mussten andere Pfade zum Zentrum des Lebens geschaffen werden, Pfade, welche diese Orte der Korruption umgehen. Nun muss sich die Menschheit daran erinnern, wie man an diesen Orten arbeitet, an denen das Innere und das Äußere sich begegnen. Dort, wo die Energie des Absoluten in die Schöpfung gelangt, damit wir daran teilhaben können, wie das Absolute Seine Welt erneuert. Der Menschheit wird Energie, Macht und Wissen, die diese Arbeit unterstützen können, gegeben. Das Absolute hat durch das Herz und die Seele eines Menschen überall direkten Zugang zu dieser Welt. Wenn man geerdet in dieser Welt lebt und sich deren heiliger Natur bewusst ist, findet eine einfache und mächtige Ausrichtung statt. Diese erlaubt es der Energie des Absoluten, direkt ins Leben zu kommen und dorthin zu gehen, wo sie gebraucht wird. Dann kann sie genutzt werden, um unserer sterbenden Welt Nahrung zu geben.

Nichts anderes vermag dies zu tun. Weil die Welt über den Punkt der Umkehr hinausgegangen ist, hat sie den Krisenpunkt überschritten. Vielleicht könnten Versuche, die »Welt zu retten« einige der Probleme angehen, mit denen wir konfrontiert sind. Doch jede Lösung würde nur auf der Ebene des Problems bleiben. Es gäbe keine wirkliche Veränderung, keine wirkliche Wandlung.

Wir wissen, wie das auf einer individuellen Ebene abläuft. Man arbeitet an einem Problem und vielleicht scheint das Problem gelöst. Doch die darunterliegende Störung bleibt bestehen, und die Energie, die man in eine Lösung steckt, schafft oft einfach ein neues Problem. So wiederholt sich die Illusion. Doch wenn man durch Gnade transformiert wird, durch die Energie von einer anderen Ebene, dann vermag man das Problem hinter sich zu lassen.

Die Probleme der Welt können nicht auf der Ebene der Probleme der Welt gelöst werden. Es gibt keine technologischen Lösungen, welche sowohl unseren momentanen Lebensstil als auch das Leben des Planeten aufrechterhalten können. Unsere Zivilisation und die Welt selbst müssen auf einer viel tiefgreifenderen Ebene erlöst werden. Wir müssen eine wirkliche Umkehr machen. Dafür bedarf es einer Energie, die von jenseits der physischen und sogar der archetypischen Ebenen herkommt.

Mit der Energie des Absoluten kann die Welt aus ihrer Mitte heraus neu erschaffen werden, aus dem Zentrum ihres Seins heraus. Die Welt, die wir mit unseren Wünschen und Begierden entstellt haben, kann zu ihrer wesentlichen Natur zurückkehren.

DAS LEBEN ALS DAS WIRKLICHE

Um an dieser Arbeit mitzuwirken, müssen wir uns einer verborgenen Dimension des mystischen Pfades erinnern, eines Aspektes, der in den letzten Jahrhunderten vergessen worden ist.

Der Pfad hat immer zwei Ziele verfolgt. Das allgemein bekannte Ziel ist der Pfad der individuellen Entwicklung. Jemand fühlt sich zu einem Pfad hingezogen, weil sie oder er den Ruf hört, zum Wirklichen zurückzukehren, die eigene wahre Natur zu erkennen, ein Leben jenseits der Illusionen des Ego zu leben. Das Wirkliche hat dem Herzen eines Menschen diesen Ruf eingepflanzt, damit die Seele zu ihrem wahren Zuhause zurückkehrt.

Jeder mystische Pfad bringt eine Energie von einer anderen Qualität mit sich, einen anderen Lichtstrahl. Einige Pfade arbeiten eher durch Liebe, andere durch Schönheit oder Hingabe und wiederum andere durch Wissen oder Dienen. Suchende sind zu jenem Licht hingezogen, das ihnen am zugänglichsten oder am vertrautesten ist. Doch im Kern sind es alles Wege, um von der Welt des Ego zu unserer wirklichen Quelle, unserer göttlichen Natur zurückzukehren.

Doch diese Heimkehr ist nur die Hälfte des Zyklus. Es gibt auch die Energie des Absoluten, die in die Schöpfung zurückfließt und so die Schöpfung aufrechterhält.

So ist auch der Atem beschaffen. Da ist das Einatmen, die Reise ins Innere, zurück zu der Quelle, und dann das Ausatmen, der Atem, der vom Absoluten her ins Leben hineinfließt.

Jeder Atemzug umfasst diesen Zyklus. Die Energie der Schöpfung fließt durch die Ebenen der Manifestation, durch die Seele, durch den Körper und dann durch das Innere zurück zum Absoluten. Jeder Atemzug ist der Atemzug des Absoluten. Mit jedem Zyklus kommen göttliche Liebe und göttlicher Wille ins Leben und kehren dann zurück.

Im Lauf der Geschichte gab es einige mystische Traditionen, die nicht nur die Lehre der Rückkehr vermittelt haben, sondern auch gelehrt haben, wie wir das Absolute anerkennen und mit dem Absoluten arbeiten, so wie es sich in der Schöpfung manifestiert. Diese Traditionen betonen, wie wichtig es ist, in der Welt gegenwärtig zu sein und das Leben nicht zurückzuweisen. Wenn wir auf dieser ursprünglichsten Ebene der Existenz gegenwärtig sind, werden wir zu einem Tor für das Absolute, so dass Es ebenfalls gegenwärtig sein kann.

Im Sufismus sieht man die Welt als eine Offenbarung des Göttlichen – eine Selbstenthüllung Gottes. Die sufischen Lehren zeigen auf, wie wir in einer Welt der scheinbaren Illusion das Wirkliche erkennen können. Ibn ʿArabī hat dies auf einfache Weise so ausgedrückt: »*Erschaffenes Sein* ist nur Imagination, doch in Wahrheit ist es das Wirkliche. Wer diesen Punkt verstanden hat, hat die Mysterien des Pfades erfasst.«[8]

Auf der einen Seite ist *erschaffenes Sein* nur Imagination. Was wir als das Leben sehen, ist so, wie es erscheint, nur etwas, das wir im Geist erzeugen. Doch gleichzeitig ist es das Wirkliche. Es ist eine sehr einfache und zugleich zutiefst esoterische Wahrheit, wie die Welt als das Wirkliche erkannt werden kann. Es ist wie Klatschen mit einer Hand. Der Klang, den eine klatschende Hand erzeugt, ist um so vieles einfacher als der Klang von zwei klatschenden Händen. Denn eine Hand, die klatscht, braucht weder Bewegung noch Lärm. *Sie ist einfach.*

Es ist einem Menschen möglich, dort zu *sein*, wo die beiden Welten zusammenkommen, dort, wo die manifestierte Welt kein Traum ist, kein »Tautropfen in einem Tautropfen«, sondern ein Ausdruck der Wirklichkeit.

In der Sufi-Tradition ist dies der Ort, »wo die beiden Meere aufeinandertreffen«, und es ist hier, wo wir Khidr begegnen.[9] Wenn wir an diesem Ort leben, wo die Welten sich begegnen, erkennen wir das Wirkliche auf allen Ebenen an. Diese Art zu leben und zu dienen erfordert größte Wachsamkeit und Aufmerksamkeit. So wie der buddhistische Meister Padmasambhhava im 8. Jahrhundert es beschrieb:

> »Auch wenn mein Blick so weiträumig ist wie der Himmel, sind meine Handlungen und mein Respekt für Ursache und Wirkung doch so fein wie gemahlenes Korn.«

In vielen Traditionen wurde man nach zwanzig oder mehr Jahren der Ausrichtung auf dem Pfad der Rückkehr geschult, bewusst mit der Energie des Wirklichen zu arbeiten, dem Einatmen des Pfades. Dies wurde nur dann gelehrt, wenn die Schüler den Verstand, den physischen Körper und die Emotionen unter Kontrolle gebracht hatten. Doch heute fehlt die Zeit für diese zwanzig Jahre Meditation und Praktiken. Die Not ist zu groß.

Einige von uns sind hier, um auf diese Not zu reagieren. Wir sind nicht hier, um uns darauf zu fokussieren, unsere eigenen Probleme zu lösen; wir sind noch nicht einmal hier, um unsere eigenen spirituellen Probleme zu lösen. Wir sind hier, um zu dienen.

DIENERSCHAFT

Sobald wir denken, das spirituelle Leben drehe sich um uns selbst, identifizieren wir uns mit dem Ego. Und das Ego ist eine Illusion. Das Absolute kann man nicht durch eine Illusion erkennen oder ihm durch eine Illusion dienen. Die größte Illusion der Menschheit ist das Gefühl des Selbst, des Ego, der getrennten Identität. Wir sind nicht getrennt. Wirklichkeit kann nicht getrennt sein. Das Absolute kann nicht getrennt sein. Es gibt nur das Eine.

Dies ist ein einfaches, fundamentales und leicht zu übersehendes Prinzip. Sobald man etwas nur für sich selbst tut, ist man getrennt. Man identifiziert sich mit sich selbst. Deshalb verhüllt so vieles, was als spirituelles Leben oder spirituelles Streben bezeichnet wird, die Menschen vor dem Absoluten – weil es um sie selbst geht.

Die Lehren der Sufis heben hervor, dass der Pfad erst beginnt, wenn wir uns von uns selbst abkehren: »Tue einen Schritt von dir fort, und siehe da: der Pfad!«[10]

Im Sufismus wird auch Wert darauf gelegt, dass wir hier sind, um zu dienen – wir sind die Diener Gottes. Ibn ʿArabī gibt zu verstehen, dass Dienerschaft das einzige wahrhaftige menschliche Dasein in Beziehung zum Absoluten ist: »Der Diener ist immer der Diener. Der Herr ist immer der Herr.«[11] Im Sufismus wird Dienerschaft als ein Ausdruck unserer immanenten Beziehung zum Göttlichen verstanden, einer Beziehung, die zugleich auf Einheit gründet. In einem Zustand der Dienerschaft steht der Geliebte in uns im Dienst Seiner eigenen Offenbarung. Die Einheit entfaltet sich. Die Einheit öffnet sich.

Dieses differenzierte Verständnis von Dienerschaft spiegelt sich auch in der Mahayana Tradition des Buddhismus wider, welche die Rolle des Bodhisattva betont – des Individuums, das auf die eigene Erleuchtung verzichtet, um andere zur Freiheit zu führen. Die Bodhisattva-Erfahrung gründet auf *Bodhichitta*, einem erwachten Herzen, das der Einheit von Form und Leere ganz gewahr ist.

Es spiegelt sich auch in der Weisheit von Mutter Teresa wider, welche in all jenen, denen sie diente, Jesus in anderer Gestalt sah. Als sie gefragt wurde, wie sie sich denn um so viele Menschen kümmern könne, gab sie zur Antwort: »Ich kümmere mich nur um den Einen.«

Der einfache Akt, sich selbst zu geben, diese einfache Erklärung »Ich bin hier um Deinetwillen«, öffnet die Tore der Gnade und bringt den Diener in Einklang mit der Einheit des Lebens, der Verbindung von Höherem und Niedrigerem, Himmel und Erde, Heiligem und Profanem. Es ist in diesem Hingeben unserer selbst, dass uns die Energie des Absoluten zugänglich wird. Und diese Energie ist jetzt auf eine Weise zugänglich wie nie zuvor. Was dabei zählt ist unsere Haltung: *Ich bin nicht hier für mich selbst. Ich bin nicht hier, um etwas zu erhalten. Ich bin hier, um zu dienen.*

Wenn wir innerlich ausgerichtet sind, die Tore der Gnade geöffnet und die Erlaubnis erteilt, dann kann die Macht des Absoluten – eine Macht, die Liebe ist, welche die Welten zusammenhält – direkt durch einen Menschen kommen und das Leben wieder mit seiner Quelle verbinden. Dann kann das Absolute uns benutzen, um sich Selbst ins Leben zu atmen. Es kann direkt mit dieser Welt in Kontakt sein, ohne alle Ebenen der Manifestation zu durchqueren, wo die Energie so leicht blockiert oder geschwächt wird.

Auf dieser Ebene gibt es nichts Schöneres und Mächtigeres als ein mit dem Absoluten verbundener Mensch, der, dem Absoluten dienend, nichts für sich selbst will. Ein auf die Wahrheit ausgerichteter Mensch ist auf außerordentliche Weise fähig, Energie zu übertragen. Sie oder er ist wie ein offenes Tor zwischen dem Absoluten und der Schöpfung. Solch ein Mensch wird zu einer Verbindung der Liebe zwischen den Welten.

Sobald wir zu dienen beginnen, stehen wir dort, wo wir benötigt werden – auf welcher Ebene, in welcher Dimension auch immer. Wir können dem Absoluten in der Leere des Nichts zur Verfügung stehen oder auf den Ebenen des Selbst, wo wir mit Liebe und Frieden arbeiten, oder indem wir mit den Erdenergien arbeiten, die sich in der Natur manifestieren. Wir können in den sichtbaren oder unsichtbaren Welten arbeiten, oder in beiden.

Entscheidend ist zu verstehen, dass die Haltung des Nichtsfür-sich-selbst-Wollens weder Ablehnung noch Verleugnung bedeutet. Dienen ist keine Verneinung unserer selbst, es ist eine Bejahung des Selbst. Es ist keine Ablehnung des Lebens, es ist eine Bejahung dessen, was im Leben *wirklich* ist. Es ist keine Abkehr von der Existenz, sondern eine Bejahung der Existenz, die von Einheit und Liebe lebendig durchdrungen ist und immerfort in der gleißenden Dunkelheit des Nichts kreist. Es ist eine Bejahung des Wirklichen durch alle Ebenen der Schöpfung hindurch.

2

DAS VERBORGENE
GESICHT GOTTES

Öde und leer. Das Ungeschaffene ist für das Geschöpf
Wüste und Nichts. Nicht einmal Sand. Nicht einmal Stein.
Nicht einmal Dunkelheit und Nacht.
Eine brennende Wildnis wäre zumindest »Etwas«.
Etwas Brennendes, Wildes.
Doch das Ungeschaffene ist nicht Etwas. Öde. Leere.
Absolute Armut des Schöpfers.
Doch aus dieser Armut heraus wird alles und jedes geboren.
Thomas Merton[12]

Die spirituelle Literatur des Westens beschäftigt sich fast ausschließlich mit dem Sein, von den Ebenen des reinen Seins bis hin zu den Ebenen der Manifestation. Sich des Friedens und der Ganzheit des höheren Selbst bewusst zu werden, Achtsamkeit, selbstloses Dienen oder die Arbeit mit den Archetypen und den heiligen Energien der Erde – dies alles findet auf den Ebenen der Existenz statt.

Doch es gibt auch eine andere esoterische Wissenschaft, eine gänzlich andere Art von spirituellen Lehren, die vom verborgenen Antlitz Gottes handeln, von der unsichtbaren Substanz des Absoluten, die gleichzeitig hier und doch nicht hier ist.

Denn so wie das Absolute existiert, so existiert es auch nicht.

Wir Menschen haben die Fähigkeit, an dieser verborgenen, undefinierbaren, unsichtbaren Leere teilzuhaben. Wie wir das tun können, lässt sich nicht erklären, weil es keine Anleitung gibt, wie dies »zu tun« sei. Denn wie kann man mit nichts etwas »tun«? Wie kann man überhaupt finden, was nicht existiert?

Aber es ist wichtig zu wissen, dass das Nichts real ist. Wenn wir ausgerichtet auf die Wirklichkeit im Leben gegenwärtig sind, werden wir dort eingesetzt, wo wir benötigt werden. Und einige Mystiker haben die Fähigkeit, auf der Ebene der Leere zu arbeiten. Dort ist es äußerst lebendig, pulsierend, dynamisch und frei. Es ist das Zuhause jener Mystiker, die in einem Gott jenseits aller Bilder, in einer Unbenennbaren Essenz aufgegangen sind, das Zuhause jener, die wissen, dass es »nichts gibt außer das Nichts«.

Das Nichts ist eine sehr machtvolle Dimension, denn die Energie des Absoluten ist hier noch nicht zerstreut, nicht in Teile zersplittert, nicht zu Form geworden.

Man kann es mit Sonnenlicht vergleichen. Sonnenlicht strömt unsichtbar durch die Dunkelheit des Weltalles. Sobald es auf die Ebene der Manifestation trifft, bricht das Licht in den strahlenden Glanz von Form und Farbe. Erst in der Widerspiegelung wird Licht sichtbar; doch in diesem Moment der Widerspiegelung verliert sich zugleich auch eine gewisse Qualität des Lichts. Wenn man die Blätter eines Baumes betrachtet, sieht man Sonnenlicht – von einer wunderschönen Form gespiegelt. Doch das Sonnenlicht selbst ist schwächer geworden. Es ist nicht mehr ganz rein – eine Eigenschaft seiner ursprünglichen Natur ist nicht länger gegenwärtig.

So verhält es sich auch mit der Energie des Absoluten, die mit dem Auftreffen auf die Ebene der Manifestation[13] reflektiert, gestreut und gefangen wird. In der Dimension des Nichts bleibt sie jedoch unbegrenzt.

Es gibt eine Möglichkeit, wie wir mit dieser Energie arbeiten können, bevor sie reflektiert wird, eine Möglichkeit, wie wir im Nichts sein können, zugegen und abwesend zugleich, eine Brücke zwischen den Dimensionen.

Es ist möglich, mit dem Nichts zu arbeiten, wenn wir für einen Augenblick aus uns selbst heraustreten, in das Grenzland zwischen dem Hier und dem Dort. Wenn die Mystiker sich der Leere des Inneren, der eigenen grundlegenden Nicht-Existenz hingeben, sind sie nicht länger durch Form begrenzt. Das Leben in seiner elementarsten Natur ist nicht länger festgelegt und kann auch nie wieder ganz festgelegt werden. Dieses Land des Dazwischen ist von ursprünglicher Macht, von Kräften des Chaos und Energieströmen erfüllt.

Dieser dynamische Raum ist die Heimat des Ungeschaffenen, des Noch-Nicht-Erschaffenen und des Einst-Geschaffenen und nun In-Auflösung-Begriffenen.

Über die Jahrhunderte haben die Mystiker zwischen den Welten gearbeitet, am Übergang von Nichts und Etwas, im Dienst der Evolution des Ganzen. Sobald Energie auf die Ebene der Manifestation gelangt, wird sie nicht nur gestreut, sondern es wird auch schwieriger, mit ihr zu arbeiten. Sie ist viel dichter geworden, bewegt sich langsamer, ist bereits definiert. Sogar eine Gedankenform gehört schon der Ebene der Manifestation an. Zwar lassen sich Gedanken einfacher verändern als ein Gebäude, doch ist es trotzdem schwieriger, mit Gedanken zu arbeiten, als mit Energie, die noch nicht durch Form begrenzt ist.

Und die Leere ist voller Energie. Sie ist eine viel mächtigere Quelle von Energie als die Ebene der Manifestation. Viele, viele Dinge sind in der Leere möglich, die in der Welt der Formen unmöglich sind – die Leere ist voll unendlicher Möglichkeiten. Mit der Ur-Energie der Schöpfung zu arbeiten, *bevor* sie in die Ebenen der Existenz eintritt, ist wie ein Tanz des Lichts: unreflektiertes, dunkles Licht. Und natürlich herrscht hier unermessliche Freiheit, denn es gibt keine Beschränkungen – wer oder was gäbe es denn im Nichts, um irgendwelche Grenzen zu setzen? Diese Arbeit öffnet ein Tor zu einem ganz neuen Reich von Möglichkeiten, denn wenn wir nicht da sind, so sind es auch unsere Geschichten nicht, unsere Vorurteile oder unsere Rezepte für die Zukunft.

Die Arbeit im Nichts gibt uns Zugang zu einer Dimension, die frei von Definitionen und frei von jeglicher Form der Korruption ist. Und alle unsere Definitionen gehören der Vergangenheit an. Wenn es Hoffnung für die Zukunft gibt – wenn die Zukunft Wirklichkeit werden soll, darf das, was war, nicht länger das, was ist und was sein wird, verschmutzen.

EBENEN VON WIRKLICHKEIT

Eigentlich glauben wir, dass das Nichts das Gegenteil von etwas ist. Wir stellen uns das Nichts als das vor, was nicht da ist. Doch scheint dies nur aus der Sicht des Ego oder des Verstandes so. Vom Ego aus gesehen ist das Nichts Abwesenheit oder Verneinung. Doch aus der Sicht der Leere ist es das Ego, das einer Hülle gleicht und leer und ohne Leben ist.

Das Nichts ist eine mächtige Dimension, die sich von allen anderen Ebenen der Wirklichkeit deutlich unterscheidet. Jede Ebene der Wirklichkeit hat ihre eigenen Gesetze. Auf der physischen Ebene beispielsweise herrscht das Gesetz von Ursache und Wirkung. Wie Newton sagte, hat jede Aktion eine gleichartige und entgegengesetzte Reaktion. Wir sehen überall um uns herum Beispiele dafür, wie dieses Gesetz wirkt.

Auf der Ebene des Selbst sind andere Gesetze am Werk. Das Selbst ist die Ebene der Einheit, und die Einheit arbeitet anders als die physische Welt, die eine Ebene der Vielfalt ist. In der Einheit werden die Individuen an ihrer einzigartigen wahren Natur erkannt, zugleich jedoch sind sie eins mit allem Leben. Bei der Arbeit auf der Ebene des Selbst ist der Suchende eins mit dem Lehrer und gleichzeitig einzigartig. Die Sufi-Lehrerin Irina Tweedie pflegte zu ihren Schülern und Schülerinnen zu sagen: »Dort bin ich du und du bist ich, und du bist du und ich bin ich.«

Während sich auf der Ebene des Selbst alles seiner wahren Natur gemäß offenbart, ist auf der Ebene des Nichts alles wieder in der eigenen Essenz aufgegangen. So wie die Dunkelheit das Licht absorbiert, so absorbiert das Nichts die Essenz dessen, was ist, während es diese Essenz gleichzeitig enthüllt. Thomas Merton beschreibt dies als den »unvergleichlichen Punkt«:

Doch für jeden von uns gibt es mitten in der Bewegung einen Punkt von Nirgendwo-Sein, mitten im Sein einen Punkt des Nichts; diesen unvergleichlichen Punkt, der sich nicht durch Einsicht entdecken lässt. Wenn man ihn sucht, findet man ihn nicht. Wenn man zu suchen aufhört, ist er da. Aber man darf sich ihm nicht zuwenden. Sobald man sich als Suchender gewahr wird, ist man verloren. Aber wenn man sich damit zufrieden gibt, verloren zu sein, wird man gefunden werden, ohne es zu wissen, gerade, weil man verloren ist, denn dann ist man – endlich – nirgends.[14]

In diesem Nirgendwo, diesem Nichts, herrscht Frieden, ein Frieden, der größer ist als der Frieden auf der Ebene des Selbst; denn die Existenz ist ihrer Natur gemäß begrenzt – sie verhüllt und verbirgt. Die Ebene des Nichts ist nicht getrennt, sie ist nicht »anders«, sondern ein integraler Bestandteil des Ganzen. Sie mag sich von der Ebene des Selbst oder der Seele unterscheiden, doch sie ist nicht von ihr getrennt.

Andere Kulturen haben diese Mehrdimensionalität des Lebens verstanden; und sie haben das Zusammenspiel der verschiedenen Ebenen des Lebens zugelassen. Im Mittelalter zum Beispiel wusste die Menschheit, dass sie sich in einer »großen Kette des Seins« befindet, in welcher die physische Welt mit der Welt der Engel und schließlich mit der ultimativen Wirklichkeit Gottes verbunden ist. Dies war das Bewusstsein, in dem die Menschheit lebte. Sie lebte in einem symbolischen, mehrdimensionalen Universum.[15]

Als Teil eines zusammenhängenden Ganzen fließt das Leben frei und dynamisch von Ebene zu Ebene. Diese Freiheit haben wir heutzutage verloren. Wir leben in einer Kultur, welche durch die physische Welt der Manifestation definiert und limitiert ist – mit wenig oder keinem Bezug zu den inneren Welten. Es ist uns auch kaum bewusst, wie diese Zensur auf der inneren Ebene wirkt, wie verheerend es ist, konditioniert zu sein, sich auf »etwas« auszurichten. In unserer Kultur haben wir uns der symbolischen Welt seit langem entledigt, und heutzutage hat man kaum Zeit für das »Nicht-Tun«, wenig Raum für die Leere; im permanenten Gelärm wird Schweigen selten gehört.

Früher haben wir den verschiedenen Ebenen der Realität erlaubt, viel freier miteinander in Beziehung zu treten, so dass magische und wundersame Dinge geschehen konnten. Wenn wir Wunder erfahren, ist dies die Erscheinung einer höheren Ebene der Realität, die auf einer anderen Ebene eingreift oder auf sie einwirkt. Solche Erfahrungen hängen nicht von unserer Anstrengung ab, sie sind vielmehr Ausdruck von Gnade. Heutzutage verfestigen wir ständig die Energie des Lebens, indem wir von diesem verlangen, dass es sich durch Dinge ausdrückt, die wir sehen und fühlen und besitzen können. Dieser fundamentale Materialismus hat die Realität anderer Dimensionen verleugnet und die Zusammenarbeit aller Dimensionen eingeschränkt. So hat dieser einen sehr hohen Tribut von uns und von allen Ebenen der Schöpfung gefordert. Wir können nicht einmal erahnen, auf welch unerhörte Weise wir den Fluss des Lebens eingedämmt haben.

Die Weisheitslehren des Westens rücken von den Dimensionen jenseits der physischen Ebene die Dimension des reinen Seins – des Höheren Selbst – in den Vordergrund. Unser westliches spirituelles Bewusstsein gründet im Konzept des Selbst oder der Seele, versinnbildlicht in der Figur Christi. Christus ist menschlich und göttlich zugleich. Und Christus als Archetypus gab dem Westen ein Bewusstsein der eigenen individuellen Göttlichkeit, jenem Teil von uns, der mit Gott vereint ist: »Ich und mein Vater sind eins«.[16]

Viele Menschen haben das Selbst erfahren, auch wenn sie dies vielleicht nicht bewusst wahrgenommen haben – »Augenblicke in und außerhalb der Zeit«, wie T.S. Eliot sie beschreibt, wie »Musik, die man so tief in sich erfährt, dass man sie nicht mehr hört«.[17] Momente der Stille, des Schweigens oder der reinen Präsenz sind Erfahrungen des Selbst.

Das Selbst ist ein Seins-Zustand. Manchmal wird dieser Zustand in der Meditation erfahren. Dies ist die erste Erfahrung unseres höheren Bewusstseins – der Anfang von *Samadhi*. In *Samadhi* gibt es keine Bewegung des Bewusstseins, es gibt kein lineares Gewahrsein, kein Bevor und kein Danach. Da ist *Sein* einfach. Und es ist sehr, sehr schön, ein Zustand von Seligkeit, der zugleich dynamisch ist.

Viele Suchende denken, solche Zustände seien das endgültige spirituelle Ziel. Wir hoffen, das Höhere Selbst zu verwirklichen, unserer eigenen Göttlichkeit gewahr zu werden – unserer wahren Natur. Und die Verwirklichung des Selbst ist ein Stadium auf dem Pfad. Aber es ist nicht das Ende der Reise. Es heißt, dass für *Brahmavidya*, das endgültige Wissen von Brahma oder die absolute universelle Realität, *tausende und abertausende von Jahren nicht genug sind* ... die Reise geht weiter und weiter; es gibt keinen Moment der Verwirklichung, nach dem alles vorbei ist. Jede Station ist nur ein Anfang.

Und jenseits des Selbst ist das, was nicht ist.

Diese Dimension des Nichts ist immer gegenwärtig und war es schon seit dem Beginn der spirituellen Suche, verborgen zwar, doch zugleich den Suchenden auffordernd, zu folgen.

Alles kommt aus diesem leeren Nichts.
Alles will dorthin zurückkehren und kann doch nicht.
Denn wer kann »nirgendwohin« zurückkehren.[18]

Von dem Augenblick an, in dem Suchende vom spirituellen Leben angezogen werden, gerufen, sich wahrhaftig hinzugeben, beginnen sie zu fühlen, was nicht existiert. Das Unsichtbare und Unerkennbare, die Wahrheit jenseits von Form verführt uns, zieht uns nach innen, hin zu spirituellen Praktiken, wie Meditation, die unseren Verstand schulen, in der Leere, im inneren Schweigen zu funktionieren. Schon die bloße Tatsache, dass wir versuchen, den Verstand still werden zu lassen, bedeutet, dass unser Bewusstsein bereits danach sucht, in der Leere gegenwärtig zu sein, diesem Zwischenraum von Etwas und Nichts.

Es gibt Traditionen – insbesondere buddhistische Traditionen – die seit jeher versuchen, das Bewusstsein der Suchenden für die Dimension des Nichts zu wecken. Im Herz-Sutra, einem der herausragendsten Sutren des Mahayana Buddhismus, erklärt Avalokiteshvara, ein Bodhisattva des Mitgefühls, das Paradox der endgültigen Wirklichkeit: »Form ist Leere, und Leere ist Form; Form ist nichts anderes als Leere, und Leere ist nichts anderes als Form.«

Tokuson, ein Zen-Master im 9. Jahrhundert, hat folgende Anweisungen gegeben: »Wie tief auch immer dein Wissen der Schriften, es ist nichts weiter als eine Haarsträhne in der Weite des Alls. Wie wichtig auch immer dir deine weltliche Erfahrung erscheint, sie ist nur ein Tropfen Wasser in einer tiefen Schlucht.«

Auch der Sufi-Pfad hat seit alters her auf die Leere verwiesen. Sufismus wird als »Wahrheit ohne Form« definiert, und in den Worten des Sufi-Märtyrers al-Hallāj: »Wenn die Wahrheit von einem Herzen Besitz genommen hat, leert sie es von allem außer Ihrer selbst.«[19] Dies ist der Prozess der Vernichtung, *Fanā*, der zu *Baqā*, führt, dem Verweilen in Gott.[20] Man kann nur in Gott verweilen, wenn man zuvor vernichtet worden ist, wenn man nicht mehr da ist. Der große Sufi al-Junayd schrieb:

Wer ganz in Gott gegenwärtig ist, hat sich selbst ganz verloren. So also ist er vor Gott gegenwärtig, nicht aber in sich; ist anwesend und abwesend zugleich. Er ist, wo er nicht ist, und er ist nicht, wo er ist.[21]

Der Mystiker, der in Gott ruht, in die Wirklichkeit eingetaucht ist, weiß, dass das Höhere Selbst kein individueller Ausdruck der eigenen Identität ist. Das Selbst ist vielmehr die erste Ausdifferenzierung der ursprünglichen Leere, des reinen Seins ohne Form. Das Selbst ist wie ein Angelpunkt im Raum zwischen ausdifferenzierter und undifferenzierter Wirklichkeit. Es ist die Pforte zu unserer eigenen Nicht-Existenz. Und für den Sufi ist das Herz das Zuhause des Selbst. Es ist das Tor zwischen den Welten. Über das Herz erhält die Pilgerin Zugang zu ihrer göttlichen Natur und darüber hinaus zur Essenz Gottes.

Doch es ist ein Irrtum zu glauben, man müsse das Selbst verwirklicht haben und in der Erfahrung der Seele ruhen, um Zugang zum Nichts zu haben. Dies würde bedeuten, dass es so etwas wie eine lineare, hierarchische Struktur gäbe, und dem ist nicht so. Wir Menschen umfassen alle Ebenen der Existenz. Alles ist im Keim in uns angelegt. So haben wir auch Zugang zu allen Ebenen der Existenz und der Nicht-Existenz.

Doch ist es vonnöten, dass wir vergangene Konzepte hinter uns lassen, die besagen, dass die Leere von uns getrennt ist. Genauso wie wir durch die Enthüllungen der Teilchenphysik verstanden haben, dass die Materie in einem Feld unsichtbarer dunkler Energie existiert, so können wir erfassen, dass wir im Nichts existieren. Unsere Existenz muss nicht vom Nichts bedroht werden. Existenz und Nicht-Existenz arbeiten zusammen. Sobald wir uns ein etwas korrekteres Modell bewusst gemacht haben, vermögen wir mit den Energien unserer spirituellen Natur und der spirituellen Natur des Lebens zu arbeiten – in größerer Übereinstimmung mit unserem tatsächlichen Sein.

Wenn man auf richtige Weise aufmerksam ist, kann man das Nichts fühlen, genauso wie man auch die Stille hören kann. Und man kann mit der Leere arbeiten. Diese Arbeit geschieht durch das Herz, durch das Selbst.

In jedem Augenblick der Zeit ist alles präsent. Das Leben ist von Leere erfüllt. Und die Leere pulsiert mit Liebe.

LIEBE UND MACHT

In der Leere existiert Liebe in ihrer Vollkommenheit – Liebe, die undifferenziert, unbegrenzt und sehr, sehr rein ist. Liebe ist die Substanz des Universums, die Substanz des Lebens. Sie ist die größte Kraft in der Schöpfung. Die Energie der Liebe lässt Atome kreisen, die Welt kreisen, Galaxien kreisen.

Aus der Perspektive des Ego kann Liebe erschreckend sein. Das Ego liebt Anhaftung, Emotionen, etwas Leidenschaft und generell bestimmte Formen von Kodependenz – nicht die grenzenlose Freiheit, die alles-verzehrende Intensität und die vollständige Verpflichtung wirklicher Liebe. Leider sind die meisten Menschen bereits mit den Brotkrumen vom Tisch der Liebe zufrieden und verlangen nicht nach der Liebe in ihrer Fülle und Vollständigkeit. Das Leben schenkt uns ein Füllhorn an Liebe, doch kriechen die Menschen auf dem Boden herum und begnügen sich mit einigen vom Tisch heruntergefallenen Krümeln.

Liebe ist nicht an Neurosen und Problemen interessiert. Sie ist zu frei, zu mächtig. Wirkliche Liebe unterwandert den

Denkprozess. Sie drängt sich in die Spalten unserer Schutzwälle. Sie ist wie ein Parfüm; sie ist nicht hier, und sie ist hier,
und wir wollen sie so sehr und fürchten sie zugleich. Wir
sehnen uns nach ihr, auch wenn wir wissen, dass sie uns auf
unvorstellbare Weise leiden lassen wird – und doch: was kümmert uns das. Dieser unsichtbare Duft zieht uns Liebende immer tiefer und tiefer ins Herz hinein.

Die Liebe kann uns nicht nur zur Vereinigung führen, sondern auch ins Nichts. »Liebe gebärdet sich wie eine Närrin«,
sagt Rūmī, »die wilde Pläne schmiedet, sich die Kleider vom
Leib reißt, über die Berge rennt, Gift trinkt und dann ruhig
Vernichtung wählt«.[22]

Es ist wichtig, uns in Erinnerung zu rufen, dass ein Herz
gleichzeitig voll und leer sein kann. Die Gegenwart der Liebe
an sich ist auch ihre Abwesenheit. Wo Liebe herrscht, gibt es
»dich« nicht, weil du dann den Raum einnehmen würdest,
den die Liebe einnimmt. Und doch braucht die Liebe dich.
Du bist notwendig, um Liebe in die Welt zu bringen. Liebe
fließt durch dein Herz, und je leerer dein Herz, desto größer
die Liebe. Diese Liebe bist nicht du und doch bist du nichts
anderes als die Liebe.

In der Leere beginnt die Liebe zu singen. Sie singt ihr eigenes Lied und nicht das Lied, das man selbst gerne singen
möchte. Wenn man die Liebe tun lässt, was sie tun will, kann
sie einen ganz woanders hinführen, jenseits von jenseits, in
das tiefste mystische Geheimnis des Lebens. Hier, an der
Quelle aller Quellen, liegt die tiefgründigste Wahrheit der
Liebe, die zugleich unsere eigene Wahrheit ist.

Dasselbe gilt für die Macht. In der Leere ist Macht noch
nicht durch die Strukturen der Schöpfung oder durch
menschliche Dynamiken vermindert. Es gibt keine Hierarchi-

en oder Machtdynamiken, weder Misshandlung noch Missbrauch. Reine Macht vermag alles und jedes zu erschaffen, zu transformieren und zu zerstören – in einem Augenblick. Sie ist eine Urkraft.

Und in der Leere ist Macht Liebe.

Zu dieser Macht hat man nur dann Zugang, wenn man alte, nicht länger dienliche Bilder von Macht loslässt. Alte Modelle der spirituellen Macht haben die Leere irgendwohin weit weg platziert, irgendwo dort oben, außerhalb der Reichweite fast aller gewöhnlicher Suchender. Es gibt da Leute, die wissen und solche, die nicht wissen. Es gibt solche mit einem Zugang und solche ohne Zugang.

Dieses hierarchische Modell trennt nicht nur die Menschen von der Leere; es trennt auch die Leere von den Menschen. Und es trennt die Liebe von der Macht und die Macht von der Schöpfung.

Doch es gibt keine Trennung, und es gibt keine Leiter des Aufstiegs. Es gibt keinen spirituellen Fortschritt. Als der Sufi-Heilige Radha Mohan Lal[23] gefragt wurde, was spiritueller Fortschritt sei, war seine Antwort: »Fortschritt? Wenn wir alle im unendlichen Ozean schwimmen, wer denn ist der Küste näher?«

Jeder Mensch trägt das Potential in sich, um Zugang zu den Energien des Nichts zu erhalten. Unser Bewusstsein kann wie ein Spiegel genutzt werden, um die Liebe und die Macht des Absoluten zu lenken. Doch wir sind eine Kultur, die sich auf sich selbst ausrichtet, statt auf die Liebe oder den Geliebten. Dieser fehlgeleitete Fokus verzerrt und verunreinigt die Reinheit der Liebe, die kreative Energie ihrer Macht. Die Liebe ist so nicht länger frei und führt uns nicht mehr zu Freiheit. Sie ist konditioniert und nicht mehr wirklich kreativ.

Damit diese Energie ihren wahren Zweck und ihr Potential leben kann, ist es sehr wichtig, sich bewusst zu sein, dass im Zentrum nicht Selbsterfüllung steht, noch nicht einmal unsere spirituelle Erfüllung. Tatsächlich ist genau das Gegenteil der Fall. Das Zentrum sollte leer gehalten werden. Wirkliche Bedeutung, tiefe Erfüllung kommt nicht aus dem, was uns geschieht. Zu Beginn des spirituellen Lebens mag uns dies vielleicht als eine revolutionäre Idee vorkommen, denn wir sind konditioniert zu glauben, unser Leben könne nur durch das erfüllend sein, was uns geschieht.

Doch das Leben fließt kontinuierlich, und wir sind Teil davon, wie jeder Baum, jeder Wasserfall oder Schmetterling es ist. Kein einziges Ding bildet die Mitte des Kreises, dessen Mitte überall ist. Oder alles ist der Mittelpunkt des Kreises, und aller Mitte ist die Leere.

Es war immer die Leere in der Mitte, welche die Dinge hat geschehen lassen. Es ist seit jeher das verborgene Gesicht Gottes, welches dem Sichtbaren Bedeutung einflößt. Lao Tzu, der taoistische Philosoph, verstand die tiefgründige Funktionsweise des Unsichtbaren:

Dreißig Speichen teilen sich gemeinsam
die Nabe des Rades;
Es ist das Loch in der Mitte, das sie nützlich werden lässt.
Forme Ton zu einem Gefäß.
Es ist der Innenraum, der das Gefäß zu
etwas Brauchbarem werden lässt.
Zimmere Türen und Fenster für einen Raum,
Es sind die Hohlräume, die diese nützlich werden lassen.
So kommt Gewinn aus dem, was da ist,
Das, was nicht da ist, stiftet Nutzen.[24]

Die Funktionsweise der Leere, die Macht des Nichts, ist nicht abstrakt. Die Leere ist nicht einmal besonders »spirituell«. Sie ist auf ursprünglichste Weise Teil des Lebens. Sie ist eine unerschlossene Energiequelle, die der Urnatur des Lebens eigen ist. Und doch wenden wir uns von der Leere, vom Schweigen und der Stille ab und verlieren uns stattdessen in einer Zerstreuung nach der anderen. Wir gestatten dem Nichts noch nicht einmal, die Ränder unseres Seins zu berühren, wo es unsere Vorstellungskraft entflammen könnte. Stattdessen verschließen wir die Tore von Augenblick zu Augenblick, von Tag zu Tag und entscheiden uns für eine Welt, die wir uns solide und verlässlich vorstellen. Und wundern uns darüber, wieso das Leben sich so viel geringer anfühlt, als es sein könnte.

DAS NICHTS UND DIE GNADE

Wenn man das Nichts gekostet hat, hat man Zugang zu unermesslicher Freiheit. Man kehrt zum normalen Bewusstsein zurück und weiß, dass man nicht existiert und diese Welt nicht existiert. Kontrollmechanismen erscheinen einem wie Sand, der durch die Finger rinnt, und endlich ist da die Freude, die Dinge geschehen zu lassen. Mit der Weisheit von Lao Tzu ausgedrückt:

> Weniger und weniger wird getan,
> bis nichts mehr getan wird,
> Wenn nichts mehr getan wird,
> bleibt nichts ungetan.

Es gibt einen Weg, wie das Nichts der Menschheit zu Gute kommen kann, ihr Raum zum Atmen geben kann, denn dort, wo man nicht existiert, kann man sich entspannen. Dort gibt es keine Mühsal. Die Gnade bedarf dieses Raumes. Und das Leben als Ganzes braucht das, was nur durch Gnade gegeben werden kann.

Es gibt so viele Bilder und Geschichten über den Zusammenhang von Leere und Gnade, auch wenn sie nur zu oft in den Bücherregalen von Bibliotheken stehen, die niemand besucht. Dieses *Zen-Koan* erzählt von Subhuti, einem Schüler Buddhas:

Eines Tages ruhte Subhuti in einer Stimmung erhabener Leere unter einem Baum, als Blüten auf ihn zu fallen begannen. »Wir lobpreisen dich für deinen Vortrag über die Leere«, flüsterten die Götter Subhuti zu. »Aber ich habe nicht von der Leere gesprochen«, erwiderte Subhuti. »Du hast nicht von der Leere gesprochen, und wir haben die Leere nicht gehört«, antworteten die Götter. »Dies ist die wahre Leere.« Und die Blüten strömten wie Regen auf Subhuti herab.[25]

Und Rūmī sagte:

Keine weiteren Worte.
Im Namen dieses Ortes, den wir mit unserem Atem
     trinken, bleib still wie eine Blume.
So wird die Nachtigall zu singen beginnen.[26]

Durch die Leere können die Blüten wie Regen fallen. In der Stille kann das Lied der Nachtigall erklingen. Im Nichts hat das Herz der Welt Raum, sich zu drehen, hat Stille Raum zu singen.

Wir wissen, wie es in unserem eigenen Leben ist – wenn wir mit der Gnade leben, wird das, was verborgen, mysteriös und wundervoll ist, immer mehr Teil der Luft, die wir atmen. Dieser unsichtbare Duft ist irgendwie immer da. Und das Unbekannte, Unausgesprochene wird immer gegenwärtiger. Auf seltsame Weise beginnt das Unsichtbare fast das Sichtbare zu verhüllen, denn das, was sich nicht berühren lässt, ist so sehr bei uns, so sehr um uns herum, durchdringt unser gesamtes Sein.

Auf einem wahren mystischen Pfad hat man so viel verloren. Man ist so verloren.

In der Tat kommt die Zeit, wo man so vollständig absorbiert ist, dass man dem Ort der Ortlosigkeit zugehört, dass die Heimatlosigkeit die eigene Heimat ist.[27] Hier fließen Form und Formloses zusammen, und man lebt im allezeit gegenwärtigen Wunder des Geschaffenen und des Ungeschaffenen. Das Leben ist voll und leer. Dies ist das Geheimnis, das uns alle verbindet. Hier können wir beides fühlen, die Gegenwart und die Abwesenheit, den Duft der Rosen und der Heckenkirschen und das unermessliche, berauschende Andere.

Das Leben braucht die Freiheit, die zum Nichts gehört, zu dem, was noch nicht definiert ist. Dann kann es von der ursprünglichen Energie genährt werden, die von der Quelle her durch alle Ebenen der Schöpfung hindurch hineinfließt in jeden Augenblick, in jedes Sandkorn.

Diese Energie war früher so offensichtlich wie Wasser in einem Strom, doch nun ist sie fast unsichtbar. Es ist eine Urkraft in der Schöpfung – es *ist* die Schöpfung in ihrer Essenz, in ihrer ursprünglichsten Natur. Sie fließt zwischen den Welten, weder Sein noch Nicht-Sein. Sie hat eine Energie, die man »Leben« nennen könnte, doch Leben im tiefsten Sinn von Energie in der Schöpfung.

Das Nichts kann gelebt werden – nicht als Bedrohung, nicht als etwas, vor dem man sich fürchten muss. Fürchten sich denn alle Partikel in unserem Körper, in der Materie, vor dem Raum zwischen ihnen? Nein. Sie brauchen den Raum, um darin zu tanzen; sonst können sie sich nicht bewegen. Das Nichts leben ist eine Bejahung unserer wahren Natur, eine Bejahung des Raumes in uns, der wahrhaftig lebendig ist. Das Formlose zu kennen, erlaubt uns, ganz in der Welt der Formen zu leben. Und es öffnet ein torloses Tor, lädt uns ein in das Wunder dessen, was nicht ist, ein Lied ohne Worte oder Musik, eine Morgenröte ohne Licht, eine Nacht ohne Dunkelheit.

3

DAS GESCHENK
DES NICHTS

Wir sind der nächtliche Ozean, erfüllt
von funkelndem Licht. Wir sind der Ort
Zwischen Fisch und Mond,
Derweil wir hier beisammen sitzen.
Rūmī

Wir befinden uns am Ende eines Zeitzyklus, am Wendepunkt eines evolutionären Wandels.

Zeichen dafür finden wir überall um uns herum. Das Augenfälligste ist wahrscheinlich die ökologische Zerstörung unseres Planeten – das beschleunigte Artensterben, die drastischen Veränderungen des globalen Klimas, der gigantische Verlust von Lebensraum – all dies sind Anzeichen einer endenden Ära.

Und es gibt andere Zeichen, die auf das Neue hinweisen. Sie sind weniger grell, doch wenn wir danach Ausschau halten, können wir sehen, dass sich ein Bewusstseinswandel abzeichnet, eine Abkehr von einer tief im Materialismus verankerten Kultur und eine Hinkehr zu Werten, die ein ganzheitliches Verständnis des Lebens widerspiegeln. Oder wir vermögen die Samen eines spirituellen Erwachens wahrzunehmen. Dieser Wandel gehört zu einer neuen Offenbarung des Absoluten, in der uns spirituelle Energien und spirituelle Erfahrungen und auch Erfahrungen des Nichts auf neue Weisen zugänglich sind.

Diese Öffnung birgt auch Gefahren in sich. Ohne Schulung, ohne Führung werden die Menschen diese spirituelle Kraft wohl missverstehen oder missbrauchen. So waren es zum Beispiel die global tätigen Unternehmen, welche sich das Bewusstsein globaler Einheit als Erste zunutze machten – und zu welchem Zweck? Um die Reichweite der Ausbeutung zu vergrößern, um die Kluft zwischen Reich und Arm auszuweiten. Wir haben diesen Missbrauch zugelassen, teils weil wir dem, was der Menschheit dargeboten wird, keine Beachtung schenken und nicht ahnen, was auf dem Spiel steht. Wir schlafen noch und sind gefangen in unseren kollektiven Träumen von materiellem Wohlstand.

Und auch die Erfahrung der Leere birgt Gefahren in sich. Natürlich bestehen in der Leere selbst keine Gefahren, denn dort gibt es nichts. Dort gibt es auch keinen Schatten, weil nichts da ist, was in dieser unendlichen Dunkelheit das Licht widerspiegeln könnte. Aber wir bleiben nicht in der Leere – wir sind auch in der Welt gegenwärtig. Eine Erfahrung der Leere kann es uns sehr schwierig machen, diese Welt ernst zu nehmen und am Geschehen teilzuhaben, so wie wir benötigt werden. Denn auch wenn wir wissen, dass »hier« nicht wirklich existiert, ist es erforderlich, dass wir gegenwärtig sind. Hier, in diesem Augenblick, gibt es eine bestimmte Arbeit zu tun.

In der Bibel vermittelt uns die Parabel der Taglöhner im Weinberg[28] eine wichtige Lehre über die Haltung, die von uns gefordert ist, um am Neuen teilzuhaben, empfänglich zu sein für die göttlichen Geschenke, die uns angeboten werden. Die Parabel erzählt von einem Besitzer eines Weinberges, der sich bei Sonnenaufgang auf den Markt begab, um Leute zu bitten, ihm bei der Arbeit im Weinberg zu helfen. Er versprach jedem der Taglöhner einen Silbergroschen für seinen Einsatz. Diese waren zufrieden, denn ein Silbergroschen war ein guter Lohn für einen Tag Arbeit. Doch um neun Uhr ging der Besitzer erneut auf den Markt und brachte weitere Taglöhner zum Weinberg; und auch ihnen erzählte er, sie würden am Ende des Tages von ihm einen Silbergroschen erhalten. Und auch in der heißen Mittagssonne ging er wieder und heuerte noch mehr Taglöhner an. Dasselbe tat er des Nachmittags, um drei Uhr und nochmals eine Stunde vor Sonnenuntergang.

Am Ende des Tages machte er sich daran, jedem der Taglöhner einen Silbergroschen zu bezahlen. Doch jene, die den ganzen Tag gearbeitet hatten, beschwerten sich und sagten: »Diese Letzten haben nur eine Stunde gearbeitet, doch du hast sie uns gleichgestellt, die wir des Tages Last und Hitze getragen haben.« Der Weinbergbesitzer beharrte darauf, er habe sein Versprechen eingehalten und erwiderte: »Ich will aber diesem Letzten dasselbe geben wie dir.« Die Parabel endet mit dem oft zitierten Satz: »So werden die Letzten die Ersten und die Ersten die Letzten sein: denn viele sind berufen, aber wenige auserwählt.«[29]

Es gibt Arbeit zu tun, die Aufmerksamkeit von uns verlangt. Doch wollen wir ganz daran teilhaben, müssen wir unsere Vorstellungen davon, wie die Dinge sein sollen, aufgeben, uns von den hierarchischen Strukturen der Vergangenheit lösen. Wollen wir wirklich dienen, müssen wir auf freie Weise teilhaben an dem, was der Augenblick erfordert, ohne die Stunden oder die Tage zu zählen oder aufzurechnen, wer mehr tut als ein anderer. Wir sind gerufen, in der Welt der Zeit und des Raumes gegenwärtig zu sein – »die Bürde und die Hitze des Tages zu tragen« – und gleichzeitig an der Freiheit teilzuhaben, die von den inneren Welten herkommt, wo die Zeit sich in das Ewige hinein öffnet und wo das Wirkliche ins Leben eintritt.[30]

DIE KRAFT DER AUFMERKSAMKEIT

Unabhängig davon, auf welcher Ebene wir mit der Energie des Absoluten arbeiten, benötigen wir die richtige Haltung, Aufmerksamkeit und Absicht. Wenn es um die Leere geht und um die verborgene Substanz Gottes, dürfen wir nicht vergessen, dass Aufmerksamkeit keines Objektes bedarf, auf das sie sich richtet. Aufmerksamkeit ist viel eher ein Zustand stetiger Aufnahmebereitschaft.

Im Sufismus ist die Aufmerksamkeit auf subtile Weise mit Intention verknüpft, die eine Sinneshaltung ist. Es ist eine innere Haltung, welche die ganze mystische Tradition von *Adāb* in sich trägt. *Adāb* meint Zuvorkommenheit. Oberflächlich betrachtet scheint *Adāb* einfach Höflichkeit zu sein oder eine vorgeschriebene Weise des Handelns. Doch tatsächlich gründet *Adāb* auf der Beziehung der Seele mit Gott – auf der Art und Weise, wie die Seele vor Gott ist. Mit der Zeit wird diese zentrale, innere Beziehung, welche Demut, Respekt, Hingabe und beständige Wachsamkeit umfasst, Teil des alltäglichen Verhaltens – der Art und Weise, wie wir mit dem Leben, mit anderen Menschen, mit dem Pfad und mit dem Absoluten in Verbindung stehen.

Die Sufis sagen, der größte Lehrer sei das Leben. Während wir also unseren Lehrer oder Guru zutiefst respektieren, haben wir auch großen Respekt dem Leben gegenüber, Respekt uns selbst gegenüber und das tiefe Wissen, dass alles Gott ist. In Sufi-Geschichten wird dieser Zustand des Gewahrseins mit dem Bild der Katze vor dem Mauseloch beschrieben. Die Katze ist außerordentlich wachsam, unendlich entspannt, in einem Zustand von wachsamer Empfänglichkeit.

Meditation kann ein Fundament für diese Art der Aufmerksamkeit bilden, doch es besteht eine Gefahr darin, dass wir diese grundlegende Fähigkeit des Selbst zu einer speziellen »Praxis« machen. Der zeitgenössische tibetische Buddhist Rinpoche Namkhai Norbu erzählt eine Geschichte über einen Dzogchen Meister aus dem 13. Jahrhundert:

Der große Dzogchen Meister, Yungton Dorje Pal
wurde gefragt: »Welche Meditation übst du aus?«
Und er erwiderte: »Worüber sollte ich meditieren?«
Daraus schloss derjenige, der ihn befragte:
»In Dzogchen meditiert man also nicht?«
Doch Yungton Dorje Pal erwiderte:
»Wann bin ich je unaufmerksam?«[31]

Im Sufismus gibt es eine Geschichte über Bāyezīd Bistāmī, der zu Füßen seines Lehrers saß, als folgender Dialog stattfand:

»Bāyezīd, hol mir dieses Buch dort beim Fenster!«,
sagte der Meister.
»Das Fenster? Welches Fenster?«, fragte Bāyezīd.
»Wie denn«, sagte der Meister, »all diese Zeit bist du nun hierhergekommen und hast das Fenster nicht gesehen?«
»Nein«, erwiderte Bāyezīd. »Was habe ich denn mit dem Fenster zu schaffen?

Wenn ich in Eurer Gegenwart bin, schließe ich meine Augen vor allem anderem. Ich bin nicht hergekommen, um herumzuschauen.«

»Da dem so ist«, sagte der Lehrer, »geh zurück nach Bestam. Deine Arbeit ist vollbracht.«

Aufmerksamkeit steht mit der Praxis des Bezeugens in Verbindung, wie sie in den *Mundaka Upanishaden* mit der Geschichte der beiden Vögel, die auf dem Ast eines Baumes sitzen, beschrieben ist. Der eine Vogel isst von den süßen Früchten des Baumes, während der andere Vogel zuschaut, ohne zu essen. Diese geheimnisvolle Textstelle beschreibt jenen Aspekt unserer selbst, der im Leben involviert ist und denjenigen, der es nicht zu sein scheint – der Teil, der einfach beobachtet. Spirituelle Praktiken wie die Meditation helfen, diesen »Zeugen«, den die Sufis *Shāhid* nennen, zu wecken. Dies ist ein Aspekt des Selbst oder der Seele – ewig und gegenwärtig und nicht durch Ursache und Wirkung begrenzt.

Bezeugen ist nichts Abstraktes, vom Leben Entferntes, sondern vielmehr ein Anteilnehmen, das auf vielen Ebenen stattfindet, eine Form des Dienens. Indem wir bezeugen, sind wir nicht darauf fokussiert, etwas zu vollbringen, etwas zu erwerben, etwas zu realisieren oder zu lernen, wir sind vielmehr hier und erreichbar. Wir sind ganz gegenwärtig, ohne Verlangen und ohne Bedürfnis.

Diese Form der Aufmerksamkeit hat in ihrem Kern Teil an der Erinnerung des Absoluten auf allen Ebenen. Ibn ʿArabī nennt den Mystiker »die Pupille im Auge der Menschheit«[32], durch die Gott Seine eigene Welt betrachtet. Ohne das menschliche Bewusstsein, insbesondere die erwachte Intelligenz des Herzens, kann das Absolute nicht erkannt werden, sich nicht Selbst erkennen.

Dies spiegelt sich im Urvertrag wider, als die Seele der noch nicht erschaffenen Menschheit gefragt wurde: »Bin ich nicht Euer Herr?« Und sie erwiderten: »Ja, wir bezeugen es.«[33] Diesen Eid der Seele wollen wir in Erinnerung behalten und leben.

Im Bezeugen liegt sowohl Präsenz als auch Abwesenheit. Denn Bezeugen kann nicht alleine in der Schöpfung selbst stattfinden. Wäre der Zeuge nur in der geschaffenen Welt, wäre sein Zeugnis durch die Schöpfung verhüllt. Er wäre wie der Vogel, der nur der süßen Frucht Beachtung schenkt. Ein Teil des Zeugen bleibt außerhalb der Schöpfung – wie der zweite Vogel, der »zuschaut«. Von außerhalb der Schleier der Schöpfung kann er das Wirkliche sehen und durch alle Ebenen der Realität hindurch erkennen.

In der esoterischen Wissenschaft des Sufismus umfassen die verschiedenen spirituellen Zentren des Herzens unterschiedliche Ebenen der Realität, und diese Zentren, die »Kammern des Herzens«, transportieren alle ein jeweils spezifisches spirituelles Bewusstsein. Jedes Bewusstseinszentrum bezeugt eine andere Ebene der Wirklichkeit, von der äußeren Kammer, *Qalb*, die unsere Sehnsucht nach Gott wachruft, zu der inneren Kammer des *Khafi*, welche das dunkle Licht des ursprünglichen Nichts, der Nicht-Existenz bezeugt, und dann noch weiter zur allerinnersten Kammer, welche nur die Absolute Wahrheit[34] erfährt. Bezeugen ist eine Form, das Wirkliche zu erinnern und diese Wirklichkeit auf ihre eigene Göttlichkeit hinzuweisen, ihr in Erinnerung zu rufen, dass sie »Herr« ist.

Zu gewissen Zeiten ist es erforderlich, diese Qualität der inneren und äußeren Aufmerksamkeit zu verstärken. Etwas im Leben wird uns dazu aufrufen, auf neue Weise wach zu sein. Dieser Ruf wird für unterschiedliche Menschen verschieden sein. Auch wird es wohl kaum das sein, was man erwartet, was man erhofft, was man will. Irgendetwas bei der Arbeit, etwas während eines ganz gewöhnlichen Tages oder ein Gedanke oder eine Anspielung, eine Einsicht in der Meditation, vielleicht sogar ein Geruch in der Luft oder ein Windstoß, der über ein Feld fegt. Etwas im Leben braucht unsere bewusste Aufmerksamkeit – dies mag ein paar Sekunden dauern oder eine Woche oder gar ein Jahr.

Wenn wir in diesen Momenten mit der richtigen Haltung, der richtigen Absicht antworten, dann erfahren wir eine gewisse Wachheit, die gleichzeitig anwesend und nicht anwesend ist. Wir werden zu einem Tor. Etwas kann ins Leben gerufen werden, das zuvor nicht da war; ein Aspekt des Absoluten kann zum ersten Mal lebendig werden.

In der Sufi-Tradition wird dieser Augenblick mit der Geschichte von Moses dargestellt, als dieser auf Khidr trifft – »einer Unserer Diener, dem Wir Unsere Gnade und das Wissen um Uns geschenkt haben.«[35] In der Geschichte will sich Moses mit Khidr treffen, und er erfährt, Khidr könne dort gefunden werden, wo die beiden Meere aufeinandertreffen. Es wird ihm auch gesagt, dass Khidrs Anwesenheit dadurch angezeigt werde, dass an diesem Ort »der gekochte Fisch wieder lebendig wird.«

So suchen Moses und sein Begleiter nach Khidr, doch können sie ihn nicht finden. Erst als sie, hungrig von der Reise, anhalten und entdecken, dass ihr gekochter Fisch wieder ins Wasser hinausgeschwommen ist, wird Moses bewusst, dass sie am Ort, an dem Khidr war, vorbeigegangen sind, ohne es zu merken. Sie müssen den Weg nochmals zurückgehen.

Es gehört zum spiritueller Schulung, gegenwärtig und wachsam zu sein, vorbereitet auf diese Augenblicke, in denen die Welten zusammenkommen, wo die beiden Meere aufeinandertreffen und der tote Fisch lebendig wird.[36] Der spirituelle Pfad lehrt uns, in einem Zustand von Wachsamkeit zu leben, mit einem Fuß in der ungeschaffenen Welt und mit dem anderen in der Schöpfung, so dass wir merken, wann diese Momente kommen und wir frei sind das zu tun, was nötig ist und wo es nötig ist.

Diese Augenblicke können Möglichkeiten sein, die sich auf unser spirituelles Wachstum beziehen, oder sie mögen auch nichts mit uns zu tun haben. Doch wenn wir diese Augenblicke erfassen, wenn sich die Ebenen der Wirklichkeit aufeinander ausrichten, wenn die Tore der Gnade sich öffnen, wenn wir nichts anderes zu tun haben, als Aufmerksamkeit zu schenken und gewillt zu sein zu folgen, dann kann das ganze Leben – das innere und das äußere – sich verwandeln.

In den späten Fünfzigerjahren begab sich der chilenische Schriftsteller Miguel Serrano auf der Suche nach Wahrheit auf eine Pilgerfahrt nach Indien. Auf dem Weg nach Benares besuchte er den Sufi-Meister Radha Mohan Lal in Kanpur. Er beschreibt, wie der Sufi-Meister abends in seinem Garten herumging, seine Mala trug und betete. An einem Abend rief der Sufi-Meister Miguel zu sich und sang für ihn die berührende Geschichte eines Schäfers, der auf der Suche nach Krishna war. Nachdem er viele Täler durchquert und über viele Berge gezogen war, betrat er eines Tages ein Haus, um nach Essen zu fragen. Genau in diesem Augenblick ging Krishna selbst auf der Straße vorbei. Später vernahm der Schäfer, dass er die Begegnung verpasst hatte. Traurig klagte er: »Ich habe mein Herz auf dem Weg verloren und es nie wieder gefunden.«[37]

Der Schäfer ist Krishna nie begegnet, weil er in diesem Augenblick nicht gegenwärtig, nicht aufmerksam war. Er betrat ein Haus, um nach Essen zu fragen. Ohne seine vollständige Aufmerksamkeit konnten die Ebenen nicht aufeinandertreffen, konnten sie nicht in Beziehung treten. Das Leben des Schäfers veränderte sich nicht. Die Suche ging weiter. Hätte er die richtige Aufmerksamkeit gehabt, hätten sich die Ebenen der Realität aufeinander ausrichten können, und sein Leben hätte sich für immer verändert.

Und auch Miguel Serrano setzte seine Reise fort.

Solche Augenblicke widerfahren uns in unserem individuellen und auch in unserem kollektiven Leben. Es sind Zeiten, in denen Kräfte in den inneren und äußeren Welten sich aufeinander ausrichten, um Veränderung zu unterstützen, Augenblicke, die unsere volle Wachsamkeit und Aufmerksamkeit erfordern. Wie Shakespeare in *Julius Caesar* schreibt:

> Die menschlichen Angelegenheiten
> Gleichen den Gezeiten,
> richten wir uns nach der Flut,
> führt diese uns zum Glück.
> Versäumen wir sie,
> so führt die Reise unseres Lebens
> durch Untiefen und Nöte.[38]

In diesem Augenblick in unserer globalen Geschichte wenden sich die Gezeiten des menschlichen Treibens. Diese Wende,[39] dieser evolutionäre Augenblick, erfordert unsere vollste Aufmerksamkeit. Wir können uns darauf zurückbesinnen, auf welche Weise wir wachsam sein können, uns daran erinnern, wie wir diese Augenblicke erfassen, wie wir unter die Oberfläche blicken können. Das Nichts unterstützt uns dabei, aufmerksam zu sein. Mit einem Fuß im Nichts, mit einem

Ohr der Stille lauschend, sind wir unendlich wachsam und nie abgelenkt.

DIE GEFAHREN DES NICHTS

Wenn wir zu sehr ins Leben involviert sind, ist es uns nicht möglich, auf den Augenblick zu hören. Doch gleichzeitig können wir auch den Moment nicht wachsam erfassen, wenn wir uns in die inneren Welten oder in die Leere flüchten.

Es bedarf einer großen Portion spiritueller Reife, um mit dem Ungeschaffenen zu arbeiten, während man gleichzeitig die Welt der Existenz respektiert. Es kann viele Jahre dauern, bis man das Leben hier in dieser Welt mit all den Begrenzungen, Verzerrungen und oft auch unnötigem Leiden vollständig akzeptiert. Dies gilt erst recht, wenn man einen Blick von der inneren Wirklichkeit von Licht über Licht erhascht, die Leere erfahren und dabei erlebt hat, wie die äußere Welt immer substanz- und bedeutungsloser wird und immer weniger Anziehungskraft ausübt. Diese Erfahrungen können Wut, Frustration, Bitterkeit und sogar eine gewisse psycho-spirituelle Neurose mit sich bringen, welche uns dazu treibt, die äußere Wirklichkeit des Lebens zu verleugnen.

Doch Verleugnen ist nicht spirituelle Reife. Wir können uns auf die Geschichte des Zen-Schülers besinnen. Dieser verkündete seinem Lehrer, alles sei eine Illusion und erhielt daraufhin von diesem einen harten Schlag mit dem Stock. Als der Schüler vor Schmerz aufschrie, antwortete sein Lehrer: »War dies eine Illusion?«

Die Erfahrungen des Nichts können gewaltige Enttäuschung mit sich bringen. Wir betreten den Pfad, weil wir etwas vermissen, weil wir uns nach etwas sehnen, weil wir etwas brauchen. Vielleicht wird uns gesagt, dass wir nichts bekommen werden, dass der Pfad sich nicht um uns selbst dreht. Und doch sind wir überzeugt, dass unsere Leben und auch wir selbst durch die spirituellen Praktiken besser werden. Erleuchtung, Nirvana, Paradies, Himmel – was immer es ist, es ist immer *etwas*.

Auf einem wahrhaftigen mystischen Weg bereitet der Lehrer den Schüler auf ein allmähliches Bewusstwerden, auf ein schrittweises Gewahrwerden des Nichts vor. Lange Zeit hat die Schülerin panische Angst, diesen Sprung ins Vergessen zu machen, in den Abgrund der Ewigkeit zu fallen. Doch wenn das Loslassen geschieht, wird einem klar, dass man nirgendwo hingefallen ist, weil es nichts gibt, wo man hinfallen könnte. Die Idee, dass man in den Abgrund fällt, gehört zum Konzept der Existenz. Dies hat Meister Huang Po, ein Chan Buddhist des 9. Jahrhunderts, sehr treffend beschrieben:

Gewöhnliche Menschen schauen auf ihre Umgebung, während diejenigen, die dem Pfad folgen, auf den Geist schauen. Doch das wahre Dharma ist es, beides zu vergessen. Das erstere ist recht einfach, das letztere sehr schwierig. Die Menschen haben Angst davor, ihren Verstand zu verlieren, sie fürchten, durch das Nichts zu fallen, ohne etwas, das ihren Fall aufhalten könnte. Sie wissen nicht, dass die Leere nicht wirklich leer, sondern das Reich des wahrhaftigen Dharmas ist.[40]

Wenn wir Glück haben, wird die Erfahrung des Nicht-Seins uns frei werden lassen und uns helfen, über den Witz der Existenz zu lachen – das große Geheimnis, nach dem wir gesucht haben, existiert nicht und ist gleichzeitig überall. Der

Witz geht auf unsere Kosten. Das Lachen ist immer da, wenn wir zulassen, ausgelacht zu werden. Dieses Lachen zieht seine Kreise in alle Winkel der Existenz, und wenn wir über uns selbst lachen, werden wir Teil dieses wunderbaren, liebestrunkenen, ekstatischen Witzes.

Doch verschwindet man nicht einfach im Witz. Man lebt ihn. Es ist wichtig zu verstehen, dass jemand den Witz erfassen muss; andernfalls gibt es niemanden, der lacht.

Dies ist Teil der großen, verborgenen Bedeutung des Menschseins – wir sind hier, um auf allen Ebenen der Wirklichkeit teilzuhaben. Die Leere der Wirklichkeit muss gefeiert werden, sie darf nicht zur Verleugnung dessen, was ist, genutzt werden. Wenn wir in Mustern der Verleugnung, der Enttäuschung und der Wut gefangen sind, dann bleibt das Wirkliche unerkannt und ungefeiert.

Im Westen gibt es nicht viele Lehren, die uns erklären, wie wir dieses Gewahrsein des Nicht-Seins, des gleichzeitigen Existierens und Nicht-Existierens leben können. Doch im Sufismus gibt es sehr detailliertes Wissen über den Zustand der Nicht-Existenz – das, was man als »Verweilen nach dem Sterben« bezeichnet. Ein bekanntes Zitat von Kharaqānī, auf das Rūmī anspielt, weist darauf hin, dass die Nicht-Existenz die wirkliche Natur des Sufi-Derwisches ist:

Es gibt keinen Derwisch in der Welt,
und wenn es einen Derwisch gäbe,
dann wäre es kein Derwisch.[41]

Die wahre Existenz, das Leben als das Göttliche, kann nur durch die Nicht-Existenz, durch die Vernichtung erfahren werden. Doch heißt dies letztlich nicht, dass wir uns von der

Welt abkehren. Vielmehr lernen wir, die Welt und ihre Begrenzungen zu respektieren. Wir lernen, uns in beiden Welten zu bewegen.

Wir lernen auch zu verstehen, dass es Konsequenzen hat, wenn wir diese Welt nicht ernst nehmen, sogar wenn wir um ihre illusorische Natur wissen. Wenn wir die Regeln dieser Welt nicht anerkennen, können wir die spirituelle Arbeit in der Tat behindern und Gelegenheiten verpassen.

Im Matthäus-Evangelium wird Jesus von seinen Schülern gefragt, ob sie der römischen Regierung Steuern zahlen sollen. Jesus bittet seine Schüler, ihm eine Münze zu geben und sagt: »Wessen Bild und Inschrift ist dies?« Sie erwidern ihm: »Des Kaisers.« Da spricht er: »So gebet dem Kaiser, was des Kaisers ist, und Gott, was Gottes ist!«

Es gibt sehr strikte Regeln, die bestimmen, wie die Energien auf jeder Ebene der Wirklichkeit funktionieren und wie man mit ihnen arbeiten kann. Dieser Bibeltext enthält eine tiefgründige Lehre. Sie weist darauf hin, dass es notwendig ist, die verschiedenen Ebenen der Realität und das, was für jede Ebene angemessen ist, gebührend zu achten. Die Ebenen dürfen nicht durcheinandergemischt und auch nicht gegeneinander ausgespielt werden.

Es ist in dieser alltäglichen Welt, in der das Absolute verborgen ist, in der die Menschheit an der Enthüllung, an der Offenbarung teilhat. In dieser göttlichen Liebesgeschichte der Schöpfung – dem Tanz des Geliebten – hat auch die Liebende eine Rolle zu spielen. Doch wenn wir danach streben, dieser Welt zu entkommen, nachdem wir innere Seligkeit oder das Nichts erfahren haben, können wir nicht vollständig teilhaben. Wir hören auf, wahrzunehmen; wir hören auf, aufmerksam zu sein; wir hören auf, verfügbar zu sein.

Statt dem Leben zu entfliehen, ergibt sich der Mystiker dem Leben; er ist auf verschiedenen Ebenen der Realität wach und schenkt einer jeden die notwendige Aufmerksamkeit.

DAS ALLTÄGLICHE LEBEN

Die Grundlage des Nichts ist das alltägliche Leben. »Holz hacken, Wasser tragen« ist eine Lebensweise, die es dem Leben erlaubt, sich selbst zu sein. Sie befreit die verschiedenen Ebenen der Realität von unseren spirituellen Projektionen, unseren Erwartungen und Enttäuschungen.

Nicht-monastische Traditionen betonen seit jeher, wie wichtig es ist, unser eigenes Menschsein und die Unzulänglichkeiten des Lebens zu akzeptieren. Im Sufismus gibt es zwei Arten von Rückzug: Da ist der äußere Rückzug, bei dem der Suchende weit weg von anderen alleine in seiner Zelle sitzt, bis er mit der spirituellen Welt in Kontakt kommt. Dies gelingt, weil die äußeren Sinne sich zurückziehen und die inneren Sinne empfänglich für die Zeichen der spirituellen Welt werden.

Der andere Rückzug ist ein verborgener, bei dem die Suchenden innerlich die Geheimnisse des Wirklichen bezeugen, während sie außen von anderen Menschen umgeben sind. Dies ist das Naqshbandi Sufi-Prinzip[42] der *Einsamkeit in der Menge* (*Khalwat dar anjuman*), das besagt, dass man »äußerlich mit den Menschen und innerlich mit Gott ist.« Dieses Prinzip unterstützt die Mystikerin, während sie sowohl mit der äußeren als auch der inneren Welt interagiert und die beiden Welten in Balance hält und verbindet.

Je mehr man im Nichts absorbiert ist, desto wichtiger ist es, im äußeren Leben verankert zu bleiben. Denn diese Alltäglichkeit des mystischen Pfades hat in vielen Belangen einen tiefen Sinn. In der Naqshbandi-Tradition ist es die richtige Kombination von inneren Geheimnissen mit den alltäglichsten Dingen, welche die mystische Reise ermöglicht. Mit den Worten von Khwāja Faghnawī: »Unsere Wissenschaft ist nicht von der Welt, sie ist von den Welten.«[43] Durch diese Versenkung in die Gewöhnlichkeit und gleichzeitig das Gewahrsein dessen, was jenseits der physischen Welt liegt, kann ein bestimmter Schlüssel gedreht, ein bestimmtes Schloss geöffnet werden.

Wenn man ganz in das Nichts eingetaucht ist, kommt ein Teil von einem selbst nie mehr zurück. Es ist äußerst wirkungsvoll, hier und dort zu sein, sowohl im Sein als auch im Nicht-Sein. Diese menschliche Fähigkeit, Innen und Außen zu verbinden, Nicht-Sein und Sein, das Geschriebene und das Noch-zu-Schreibende, ist von größter Wichtigkeit, um die Welten aufeinander auszurichten und das Leben im Gleichgewicht zu halten. Das Leben ist nicht nur für das Funktionieren auf der äußeren Ebene der Wirklichkeit gemacht, sondern in einer multidimensionalen, verbundenen Wirklichkeit. Und es braucht Menschen, die um dieses Geheimnis wissen.

Die Sufi-Lehrerin Irina Tweedie erzählte ihren Schülern manchmal eine Geschichte über ein vierbeiniges Huhn. Die Geschichte erzählt von einem Mann, der eine Landstraße entlang fährt und ein vierbeiniges Huhn ausmacht, das außerordentlich schnell die Straße entlang rennt. Fasziniert folgt er dem Huhn und kommt zu einem Bauernhof, wo er den Bauern fragt, ob er das denn gesehen habe! Der Bauer bejaht. Tatsächlich habe er diese vierbeinigen Hühner gezüchtet, weil er und seine Familie – seine Frau und seine beiden Kinder – alle Hähnchenschenkel liebten. Er habe sich gedacht, mit dieser speziellen Züchtung könnten alle in seiner Familie essen, was sie am liebsten hätten. Der Reisende ist beeindruckt und fragt den Bauern, wie das Huhn denn schmecke. Der Bauer wirft seine Hände in die Luft und erklärt: »Ich weiß es nicht! Ich habe noch nie eines zu fassen gekriegt!«

Diese seltsame und ironische, kleine Geschichte ist in der Tat eine sehr treffende Beschreibung für die Situation eines Suchenden auf dem Pfad. Wenn spirituelle Praktiken wirksam sind, schafft man durch sie ein spirituelles Fahrzeug, das es dem Bewusstsein ermöglicht, auf verschiedenen Ebenen der Realität zu funktionieren. Dieses spirituelle Fahrzeug dreht sich auf einer höheren Frequenz als das Ego und der gewöhnliche Verstand. So holen die Suchenden nie auf, haben nie wirklich Zugang zu diesen anderen Aspekten ihrer selbst. Dies heißt nicht, dass das Fahrzeug nicht funktioniert. Tatsächlich funktioniert dieses am besten, wenn es nicht durch das Ego gestört wird, wenn das gewöhnliche Bewusstsein nicht in den Weg kommt oder versucht, darüber Kontrolle zu haben.

Leider ist für die meisten westlichen spirituellen Suchenden die Vorstellung, dass sie nichts von ihrer harten Arbeit haben werden, dass der Nutzen ihrer Praktiken ihnen nicht gehört, eigentlich inakzeptabel. Unsere Kultur ist derart selbstbezogen, dass wir ohne es zu merken viele unserer spirituellen Absichten und Anstrengungen korrumpiert haben, indem wir versuchen, etwas zu kontrollieren, zu vereinnahmen und auszunutzen, das uns nicht gehört – das nie uns gehört hat, denn es hat immer dem Wirklichen gehört.

Einige Lehren und Traditionen erkennen an, dass die Auslöschung des Selbst unabdingbar ist. Dies ist eine Kernaussage im klassischen Sufismus (die Abwesenheit des Derwisches, die Rūmī zelebriert). Doch sind die Methoden, die helfen, diesen

Zustand zu erreichen, nur selten verfügbar.[44] Die Praktiken wurden verwässert oder korrumpiert. Statt dass die Suchenden zu den Ebenen des Selbst und dessen Welt von Licht über Licht, oder darüber hinaus, zur ursprüngliche Leere Zugang erhalten, stranden sie so oft in der illusorischen Natur der äußeren Welt oder in einer vom Ego geschaffenen, spirituellen Illusion. Das spirituelle Ideal des »gewöhnlichen Lebens« umfasst dann keine ausgewogene Balance von Innen und Außen.

Es besteht eine große Notwendigkeit, die Funktionsweise des spirituellen Lebens anzuerkennen und zu akzeptieren und die »Wissenschaft der Welten« zu verstehen. Das gewöhnliche Leben kann dann das »Außergewöhnliche« erden – die Geheimnisse des Innern, zu dem uns die spirituellen Praktiken Zugang geben. Dieses »Erden« bedeutet nicht immer, dass es in unserem äußeren Leben Synchronizitäten gibt, wir einem Seelenpartner begegnen oder gesund werden, obwohl dies einige der Ziele und Versprechen unseres zeitgenössischen spirituellen Kollektives sind. Es bedeutet, dass das Wirkliche einen Platz hat, um zu sein, mit uns und durch uns. Und wir werden vielleicht nie wissen, was das bedeutet.

Das Gewöhnliche zu akzeptieren, gehört zu unserer spirituellen Reife und der Fähigkeit des Dienens. Dies hilft uns auch, die Falle der Inflation zu vermeiden, in die wir sehr leicht tappen können, wenn es uns möglich ist, einen Blick auf eine Welt jenseits des Ego zu erhaschen. Nur allzu leicht identifizieren wir uns mit einer inneren Erfahrung.[45] Doch wenn wir den Wunsch, dass das spirituelle Leben sich um uns dreht, loslassen, wenn wir in den verschiedenen Ebenen leben, ohne die Dimensionen zu vermischen oder ihnen unsere Erwartungen und Begehren aufzubürden, lässt uns diese Freiheit ganz an der spirituellen Arbeit teilhaben.

Wenn wir gleichzeitig in der inneren und äußeren Welt gegenwärtig sind, lernen wir ohne Anstrengung der Welt, dem Leben und anderen zu dienen. Dies ist ein sehr ausgeklügeltes Gleichgewicht. Wenn man die beschwerliche Verantwortung des Dienens auf sich nimmt, geschieht es leicht, dass sich das Ego darin verfängt, die Psyche damit beladen wird. Im gewöhnlichen Leben involviert, kann man dienen ohne zu meinen, man könne die Probleme der Welt oder die Probleme anderer Menschen lösen, eine Vorstellung, die Überheblichkeit und schlimmer noch, spirituelle Überheblichkeit mit sich bringen kann.

Naqshbandi Sufis haben ihr Leben immer auf diese Weise geführt. Sie haben auf spezielle Gewänder verzichtet und gewöhnliche Berufe ausgeübt, traditionellerweise oft als Handwerker. Bahā ad-Dīn Naqshband war Töpfer, 'Attār Parfümhändler. Und natürlich haben viele der großen taoistischen Lehrer und Zen-Meister das Gewöhnliche und die Gefahren spiritueller Überheblichkeit nachdrücklich betont:

Kaiser Wu: »Seit ich Kaiser geworden bin, habe ich viele Tempel gebaut, unzählige Sutren kopiert und viele Mönche ordiniert. Deshalb frage ich dich: Was ist mein Verdienst?«
Bodhidharma: »Überhaupt keiner!«
Kaiser Wu: »Wieso kein Verdienst?«
Bodhidharma: »Dinge um des Verdienstes willen tun, ist ein unreiner Beweggrund und wird nur die kümmerlichen Früchte der Wiedergeburt mit sich bringen.«
Emperor Wu, ein bisschen aus der Fassung geraten:
»Was denn ist das wichtigste Prinzip des Buddhismus?«
Bodhidharma: »Immense Leere. Nichts Heiliges.«

Emperor Wu, nun verwirrt und mehr als nur ein wenig empört: »Wer ist der, der hier vor mir steht?«
Bodhidharma: »Ich weiß es nicht.«

Wenn wir uns selbst gestatten können, ein gewöhnliches Leben zu führen, während wir wach bleiben für die große Leere im Zentrum von allem, was ist, können wir in diesem Raum weilen zwischen der berauschenden, mystischen Seligkeit des Vergessens und dem Wunder, wie das Göttliche sich selbst in allen Formen des Lebens erschafft und offenbart. Unsere Leben sind der Ausdruck dieser Brücke – gewöhnlich und ungewöhnlich, alle Dinge an ihrem Platz, alles frei, so zu sein, wie es ist. Und unser Bewusstsein, unser Herz frei, gebraucht zu werden, wo es Not tut.

Gewisse Dinge in dieser Welt sind wirklicher als andere. Nur durch diesen einzigartigen Zustand des sowohl Hier- und Nicht-Hier-Seins können wir diese finden, können wir aufmerksam sein und uns diesen widmen. Es ist ein seltsames spirituelles Spiel, das der Ostereiersuche in der Kindheit gleicht. Es gibt Zeichen, die darauf hinweisen, wo die Eier sind, doch man kann die Zeichen nicht sehen, wenn die Augen Scheuklappen tragen, wenn man entweder in weltlichen oder spirituellen Konzepten gefangen ist. Doch wenn man auch nur für einen Augenblick im Nichts eingetaucht und gewillt ist, dieses Gewahrsein hier im Alltag zu leben, dann kann man in diesem Spiel der Offenbarung, diesem Versteckspiel des Wirklichen gebraucht werden.

Unsere Teilnahme, unsere Bereitschaft zu dienen, ist eine lebendige Anerkennung dessen, dass wir nicht von Gott getrennt sind. Wie können wir auch von Ihm, der untrennbar ist, getrennt sein? Vernichtung, *Fanā*, befreit uns von der Unwissenheit, weckt uns auf für ein Gewahrsein der Einheit mit Gott. In dieser Einheit gibt es Arbeit zu tun, und jene, die sowohl hier als auch nicht hier sind, sowohl gegenwärtig als auch abwesend, können diese Arbeit vollbringen.

Die Mystiker sind über die Wolken des Himmels hinausgegangen, über den Himmel hinaus zu den Räumen zwischen den Sternen, in die gleißende Dunkelheit der potentiellen Namen Gottes. Und doch sind wir auch hier, mit unseren Füßen auf dem Boden und atmen diese Namen ins Leben, so dass die Geschichten der göttlichen Liebe in beiden Welten geschrieben werden können.

Aus Liebe zum Wirklichen

4

EINHEIT

In seiner Tiefe sah ich vereint,
in Liebe gebunden zu einem Buch, was
im Universum aufgeblättert.
Dante[46]

Zwischen Existenz und Nicht-Existenz, zwischen Schöpfung und Leere gibt es ein Band, das die Welten verbindet. Weder existiert dieses Band, noch existiert es nicht. Dieses Band ist aus dem Licht der Einheit gesponnen. Es ist aus Liebe gemacht und verwebt in den innersten menschlichen Herzenskammern, dem Sitz des Selbst. Die *Katha Upanishaden* beschreiben das Selbst als »diese grenzenlose Kraft, Quelle aller Kraft, die sich selbst als Leben manifestiert und in jedes Herz eintritt.«[47]

Auf der Ebene des Selbst ist alles Eins. Durch das Bewusstsein des Selbst, das die Sufis das »Auge des Herzens« nennen, erfährt ein Mensch die Einheit des Lebens, erfährt er das ganze Leben als ein einziges, dynamisches ineinandergeflochtenes Gewebe, in dem alle Ebenen der Existenz und der Nicht-Existenz einander durchdringen. Das Bewusstsein des Selbst oder des Geistes, wie es im Dzogchen Buddhismus genannt wird, ist ein Bewusstsein der Einheit:

Dieser mein Geist, der in der Gegenwart weilt
Ungekünstelt, unangetastet und unberührt,
Die Herzessenz von allem, was ist,
Ist ungebundene Ganzheit allein.[48]

In der Leere muss sich die Einheit des Absoluten erst noch enthüllen. Wenn die Ursubstanz des Lebens vom Nichtsein ins Sein fließt, von der Leere in die Form, bewegt sie sich durch einen einzigen Punkt, der alle Möglichkeiten der Existenz als Ganzes in sich trägt. Von diesem Punkt aus explodiert das Leben in die Vielheit hinein, in das Wunder und die Majestät der schier unendlichen Vielfalt der Schöpfung. Dies ist der »Big Bang« der modernen Physik, aber nicht als ein Geschehnis in einer weit entfernten Vergangenheit, sondern vielmehr als eine fortwährende, nie endende Geburt – etwas, das von Augenblick zu Augenblick geschieht. Durch unser Gewahrsein erfassen wir diesen Moment, der flüchtig und ewig zugleich ist, so einfach wie das Frühlingsblühen, so wie es der Zen-Meister Dogen beschreibt:

Die Leere kann nicht umhin zu blühen, aberhunderten von blühenden Gräsern gleich. Mag sie ursprünglich auch nicht geblüht haben, so blüht sie nun. Es ist, wie mit einem Pflaumenbaum, der einige Tage zuvor noch keine Blüten trug, aber nun, wo der Frühling da ist, steht er in Blüte … Das Blühen von Pflaumen und Weiden geschieht den Pflaumen und Weiden; das Blühen von Pfirsichen und Zwetschgen geschieht Pfirsichen und Zwetschgen. Und auf die gleiche Weise öffnen sich die Blüten der Leere (*Kuge*, wörtlich, die »Himmels-Blüten«, die illusorischen Formen der relativen Welt).[49]

Durch unser Gewahrsein erfassen wir diesen sowohl flüchtigen und zugleich ewigen Augenblick. Wir sind in diesem Moment des Erblühens gegenwärtig, da, wo aus der Leere heraus die Form geboren wird. Unser erwachtes Bewusstsein dient dem Absoluten durch das Erkennen der wahren Natur des Relativen – seiner Einheit.

Genauso wie wir die Leere als einen Teil der vieldimensionalen Wirklichkeit, in der wir leben, erkennen können, so können wir auch die Einheit des Absoluten, die Dimension des Selbst oder der Seele erkennen und leben. Und genauso wie es Möglichkeiten gibt, mit den Energien der Leere zu arbeiten, so gibt es auch Möglichkeiten, mit den Energien der Einheit zu arbeiten. Mit dieser Arbeit geht eine Freiheit einher, die von Machtdynamiken unabhängig ist, eine Liebe, die hineinfließt, wo sie benötigt wird, eine einende Gegenwart jenseits aller Dualität.

Ohne eine dienende Haltung ist es nicht möglich, diese Arbeit zu vollbringen. Und diese Haltung oder dieser Zustand des Dienens gründet nicht auf der Trennung vom Absoluten, sondern hat ihren Ursprung in dem Raum des Einsseins mit dem Absoluten. »Einheit ist das wahre Geheimnis der Dienerschaft«, sagt Ibn ʿArabī.[50] Durch die wahre Natur des Dienens leben wir von einem Ort der Einheit aus, auch wenn wir uns dessen zu Beginn nicht vollumfänglich bewusst sind. Durch Gnade erwacht nach und nach das Bewusstsein der Einheit. Die Grenzen der Trennung und der Dualität lösen sich in der Energie der Liebe und dem Licht der Einheit auf:

Durch Werke der Andacht kommt Mir Mein Diener näher und näher, bis Ich ihn liebe, und wenn Ich ihn liebe, bin Ich das Auge, mit dem er sieht, und das Ohr, mit dem er hört.[51]

Als Kollektiv verstehen wir die esoterische Wirklichkeit der Interdependenz nicht. Wir sehen zwar die Verbundenheit auf der physischen Ebene und uns wird die ökologische wechselseitige Verflechtung immer bewusster. Doch im Grundsatz sind wir nicht vertraut damit, wie sich die verschiedenen Ebenen der Wirklichkeit gegenseitig durchdringen, und wie unsere Haltung und unser Bewusstsein innere Barrieren schaffen können. So haben zum Beispiel unser mentales Konzept der Trennung und unsere westliche Fokussierung auf das individuelle Ego-Selbst ein isolierendes Bewusstseinsfeld geschaffen. Dessen Dichte und Enge blockieren die Art und Weise, wie Licht und Energie durch alles, auch das Physische, hindurchfließen kann. Dies entzieht dem Körper und der Seele der Welt Licht und Lebenskraft (im Sanskrit *Prana*) und raubt der Erde sowohl ihre physische als auch ihre spirituelle Vitalität.

Das hat seinen Ursprung auf individueller Ebene im einzelnen Menschen. Sowohl der Körper als auch die Seele können ihre Energie und ihr Licht verlieren, wenn man auf eine Weise denkt und handelt, die einen abschneidet von dem, was wirklich und nährend ist. Und weil das Ganze nicht von uns getrennt ist, kann auch die Welt ihr Licht verlieren. Dienen erfordert eine Haltung und einen Bewusstseinszustand, welche die der gesamten Schöpfung innewohnende Einheit anerkennen, und ein tiefes Wissen, dass wir nicht getrennt sind, sondern Teil eines lebendigen Ganzen, das sowohl in uns als auch um uns herum existiert. Wir müssen erkennen, dass unser Bewusstsein und unsere Handlungen das Leben als Ganzes beeinflussen.

Viele haben Augenblicke der Einheit erfahren, »eine Welt in einem Sandkorn und einen Himmel in einer Wildblume«[52]

gesehen. Und durch spirituelle Praktiken haben Suchende aller aller Zeiten danach gestrebt, dieses Gewahrsein zu leben und noch intensiver zu erfahren. Doch das Licht der Einheit steht uns allen zur Verfügung. Es ist da, verborgen in der Tiefe, wo die Wasser des Lebens weiterhin fließen und in einer lebendigen Stille darauf warten, von uns bemerkt zu werden.

STILLE

Wie eingeschränkt die Energien der Einheit in der äußeren Welt auch immer sein mögen, in der Stille sind sie lebendig – in der Stille, die hinter jedem Geräusch liegt, die im Raum um jedes einzelne Atom herum gegenwärtig ist – eine Stille, die vom Wirklichen durchdrungen ist.

Die Stille singt mit Liebe. Es gibt Liebe, die in Formen, Klängen und Aktivitäten existiert. Wir spüren ihre Gegenwart in der Schönheit, sind berührt von ihrer Freude. Aber es gibt auch Liebe, die in der Leere gegenwärtig ist, im Schweigen, im Raum – eine Liebe, die keiner Anerkennung bedarf, die einfach ist. Die Mystikerin ist in diese Liebe eingetaucht, eine Liebe, die sie in die Unendlichkeit führt und sie zugleich im Gewebe des Lebens verankert – denn die Stille ist das Tor zwischen den Welten.

Durch spirituelle Praktiken wie die der Meditation oder des Beobachtens des Atems werden die Mystiker mit dieser Stille vertraut. Sie sinken auf natürliche Weise in diese Stille ein, denn diese durchdringt die Tiefen, in welche die Mystiker wieder und wieder eintauchen. Diese Stille ist unbegrenzt. Sie spricht zu uns von unbegrenzten Einblicken in unser eigenes Sein und von dem noch größeren, alles durchdringenden Mysterium.

Sogar wenn der Verstand beschäftig ist, werden wir uns der Stille hinter allen Verstandesaktivitäten gewahr. Wir werden immer präsenter, verweilen dort, so dass die Stille zum verborgenen Fundament des Lebens wird. Rūmī schrieb über diese Stille:

Jenseits aller Ideen von richtig und falsch,
gibt es ein Feld. Dort werde ich dich treffen.

Wenn die Seele sich in dieses Gras legt,
ist die Welt zu erfüllt, um darüber zu sprechen.[53]

Und Bāyezīd Bistāmī:

All dies Geschwätz und Durcheinander,
der Lärm und das Hin und Her,
ist außerhalb des Schleiers;

innerhalb des Schleiers
sind Stille und Ruhe und Frieden.

Mystische Praktiken gehören zu dem, was sich innerhalb des Schleiers befindet, zu dieser dahinterliegenden Stille, die überall gegenwärtig ist. Mystische Praktiken wirken oft ohne unser Wissen – sie gelangen ins Unbewusste, in den Blutstrom, wo sie uns transformieren. Sie führen uns zurück zu der Wurzel unserer Existenz, zurück zu der Einheit, wo wir zu Gott gehören, wo Sein Name unser Name ist.

Die Stille des Wirklichen ist unpersönlich. Sie ist umfassender und tiefer als unser Gefühl für uns selbst. Sie ist nicht an unseren Sorgen interessiert; wir werden uns wahrscheinlich nicht als bessere Person fühlen, und wir werden uns wohl auch nicht integrierter fühlen oder weiser oder was immer die meisten von uns denken, worum es beim spirituellen Leben geht. Tatsächlich ist die Stille nicht an uns als Individuen interessiert. Sie verändert die Ego-Struktur oft kaum. Doch wirkt sie in den tiefsten Bereichen unseres Lebens, bahnt sich ihren Weg durch Hindernisse, durchdringt die samtene Dunkelheit der mystischen Nacht, findet ihren Ausdruck im Widerhall der Liebe in der Schöpfung.

Es gehört zur Naqshbandi Sufi-Praxis, zu lernen, immer in dieser Stille gegenwärtig zu sein. Dies ist einer der Grundpfeiler des Pfades. Bahā ad-Dīn Naqshband sagte:»Gott ist still und kann am einfachsten in der Stille erreicht werden.« Das stille *Dhikr*, die stille Wiederholung des Namens Gottes, ist eine zentrale Naqshbandi Praxis.[54] Dies wurde Abd'l-Khāliq Ghijduwāni von Khidr gegeben, der ihn in einer Vision oder einem Traum unter Wasser tauchte und ihm dann sagte: *Nun wiederhole den Namen Gottes.*

Die Dimension der Stille, in der das Wirkliche gegenwärtig ist, ist so einfach. Sie ist sehr schön, und sie ist sehr mächtig, denn es gibt keine Verzerrungen durch Geräusche. Natürlich sind all der Lärm und die Vielzahl der Klänge Teil des Lebens. Das Leben ist aus dieser Mannigfaltigkeit gewoben. Es gehört zum Spiel der Schöpfung, dass wir uns in den zehntausend Dingen verlieren und die Einheit, die unsere wirkliche Natur ist, fragmentiert wird – bis wir endlich in diesen zehntausend Dingen die Einheit wiederentdecken und zu der Einheit zurückkehren, die wir in Wahrheit gar nie verlassen haben.

Die Mystiker haben akzeptiert, dass der Eine durch die vielen erkannt wird. Doch wenn wir innerlich in der Stille versunken sind, ist es dennoch einfacher, sich nicht zu zerstreuen, einfacher für unser Bewusstsein, in der ursprünglichen Einheit des Lebens zu ruhen.

Wenn wir mit der Einheit arbeiten, erfordert dies eine Aufmerksamkeit, die in den vorigen Kapiteln beschrieben wurde – eine Aufmerksamkeit, die immer lauscht, immer wachsam ist. Doch anders als die Leere, kann die Einheit gehört, gesehen, gefühlt, ertastet werden. In ihr finden wir eine Ganzheit, die nährt und verbindet, eine Liebe, die alles Leben als etwas Heiliges umfasst, eine Schönheit, welche die Welten zusammenwebt, und eine Lebensweise, die sich so weit macht, dass sie alle Erfahrungen – düstere und helle – einzuschließen vermag. Im Licht der Einheit sind das Leiden und die Dunkelheit akzeptiert als etwas, was zum Leben gehört, als etwas Unerklärliches, das sich unser annimmt.

In der Einheit finden wir eine Liebe, die keine Vorurteile kennt, sondern das Leben umfasst und dessen unterschiedliche Aspekte zusammenführt. Es ist eine unsichtbare Liebe, unbegrenzt durch Form, und dennoch vollständig gegenwärtig. Die Mystiker lieben das Unsichtbare. Im Sufismus sehnen sich die Suchenden nach einem verborgenen Geliebten, lieben die Stille und geben sich einem Lehrer hin, welcher die Nicht-Existenz kennt, im Nichts absorbiert ist. Durch die Liebe zum Unsichtbaren erfüllen die Mystiker die Liebe mit der Leere und bringen die Fülle der Leere ins Leben. Das war schon immer so.

Große Macht und Liebe warten in dieser Stille, warten darauf, durch die Leere, durch die Stille ins Leben gerufen zu werden. Indem wir einfach gegenwärtig sind, nehmen wir teil, durch unser Gewahrsein stehen wir im Dienst – gegenwärtig und bewusst, mit ungeteilter Aufmerksamkeit, nicht versunken in Vergessenheit. Es geht mehr um Sein als um Tun, darum, die Aufmerksamkeit auf die einfache Essenz zu richten, die so kostbar und doch überall um uns herum zu finden ist:

Still sitzen
Nichts tun
Der Frühling kommt
Und das Gras wächst von selbst.[55]

DER ATEM

Menschen sind der Mikrokosmos des Ganzen. Die Quelle gebiert das Eine, die Zweiheit und die zehntausend Dinge, die unsere Aufmerksamkeit zurück zum Einen führen. »In allem liegt ein Zeuge, der darauf hinweist, dass Er eins ist.«[56] Dieser Zyklus von Geburt und Tod, von Hinaus und Hinein, findet mit jedem Atemzyklus in uns statt.

Jeder Atemzug lädt uns ein in die Einheit des Absoluten. Jeder Atemzug verbindet alle Ebenen der Wirklichkeit, die inneren und äußeren. Durch den Atem verbinden sich Himmel und Erde.

In der spirituellen Arbeit und für die Prozesse der inneren Transformation bildet der Atem meist die esoterische Grundlage. So wie das Atmen für viele Lebensformen unabdingbar ist, so sind der Atem und das Gewahrsein des Atems für viele spirituelle Praktiken von zentraler Bedeutung, sei es die einfache Meditationspraxis des Beobachtens des Atems oder das Wiederholen eines *Mantras* oder *Dhikrs*. Buddha legte ganz besonders Wert auf den Atem:

Jemand, der die Achtsamkeit des Ein- und Ausatmens Schrittweise praktiziert

Weiterentwickelt und zur Vollkommenheit gebracht hat
So wie es der Erleuchtete Eine lehrt
Scheint auf die ganze Welt
Wie der Mond, wenn er von Wolken befreit ist.[57]

Sowohl im Sufismus als auch im Buddhismus legt man Wert auf den Raum zwischen den Atemzügen. Bahā ad-Dīn Naqshband sagte: »Das Fundament unserer Arbeit ist der Atem. Je mehr wir uns unseres Atems gewahrsein können, desto intensiver ist unser inneres Leben. Es ist ein Muss für jedermann, den Atem während des Einatmens und Ausatmens bewusst wahrzunehmen und mehr noch, seines Atems in der Pause zwischen dem Einatmen und Ausatmen gewahr zu sein.«[58] Und in einem alten Sanskrit-Text, der auf die Wurzeln des Zen weist, steht geschrieben: »Wenn der Atem von unten nach oben wendet und wiederum wenn der Atem von oben nach unten dreht – durch diese beiden Wendepunkte hindurch, erkenne.«[59]

Wieso ist dieser Augenblick zwischen den Atemzügen so wichtig, so bedeutsam? Mit jedem Einatmen kehren wir von der physischen Welt auf die inneren Ebenen des Selbst zurück. Wenn man sehr aufmerksam ist, kann man einen Moment der Seligkeit am Ende des Einatmens erfahren, welches eine flüchtige Erfahrung der Seligkeit des Selbst ist, die man in Sanskrit als *Anandamaya Kosha* (die Hülle der Seele) kennt. In dieser Erfahrung des Selbst sind wir, wie kurz auch immer, befreit von Zeit, wach im zeitlosen Reich der Seele, in der Seligkeit und im Frieden, die unsere wahre Natur sind.[60]

Dieses Erwachen des Selbst ist ein Erwachen in eine allumfassende Einheit, welche im ersten Moment berauschend und ehrfurchteinflößend und doch eigentlich ganz natürlich ist. Wenn wir im Selbst verweilen, verweilen wir in dieser Einheit. Es ist ein Seinszustand. Oft drückt sich eine anfängliche Erfahrung des Selbst in einem Zustand der Präsenz aus, oder des *reinen Seins*, dem einfachen Wunder, ein Mensch zu sein. Wir wissen, dass wir *sind*, Teil einer Wirklichkeit jenseits der Dualität, jenseits dieser Welt der Gegensätze. Und wenn wir im Selbst voll erwacht sind, erfahren wir ein reines, nichtduales Bewusstsein. Es *ist*. Es *weiß*. Es gibt kein Subjekt oder Objekt – nur Einssein. Das reine Bewusstsein des erwachten Selbst ist das Licht der Einheit.

Dieses Bewusstsein urteilt nicht. Es ist Mitgefühl, vollständige Annahme und reine Liebe. Wenn wir unser Selbst entdecken, entdecken wir, dass wir damit und mit allem eins sind. In uns ist alles vereint, alles ist ganz. Dies ist der Kreis der Ganzheit, der zu allem Leben gehört, in dem das gesamte Leben heilig ist. Nichts ist ausgeschlossen. Das Selbst ist der facettenreiche Diamant, das Mandala, das alle Aspekte der Erfahrung vereint, auch scheinbar gegenteilige Elemente. »Alle Unterschiede in dieser Welt sind bloß Abstufungen und nicht grundsätzlicher Natur, denn Einheit ist das Geheimnis von allem«, sagte Vivekananda.

Jedes Einatmen gibt uns Zugang zu den Energien des Selbst, dem Licht und dem Bewusstsein der Einheit. Die meisten Menschen streben unbewusst nach den Erfahrungen des Selbst – den Energien der Einheit – in ihrem Sehnen nach Liebe, ihrer Suche nach Sinn und Zugehörigkeit, ihrem Verlangen nach Begegnung und danach, wahrhaftig erkannt zu sein. Auf der spirituellen Reise verpflichtet sich der Suchende einfach bewusster und vorsätzlicher diesem grundlegenden menschlichen Bedürfnis, sich von der Welt abzukehren, um das Wirkliche zu finden. Durch die Praktiken des Pfades, durch tiefe Meditation und die Gnade des Lehrers, unternimmt der Mystiker die Reise über das Ego hinaus, zurück nach Hause. Nach und nach beginnen die Schleier der Trennung sich zu heben und enthüllen das Selbst, das in allem atmet.

Und natürlich führt uns der mystische Pfad noch weiter, über das Selbst hinaus in die Leere, jenseits des gleißenden Lichts in die gleißende Dunkelheit, jenseits des Zustands des Seins in das Nichtsein und die ungeschaffene Leere.

Doch gibt es kein Einatmen ohne ein Ausatmen, ohne das Ausströmen der Quelle in alle Formen des Lebens, das Nähren der äußeren Ebenen mit den Energien der inneren.

Der Weg des Ausatmens fand in der Vergangenheit keine große Beachtung. Wir haben stattdessen Bilder eines Mönchs im Kopf, der in tiefer Meditation sitzt, eines *Sadhus*, der in den Lumpen des Verzichtes über die Hügel wandert, selbstvergessen und unempfänglich für die äußere, gewöhnliche Welt.

Doch im gegenwärtigen Moment muss die Menschheit dringend die nährenden Energien des Selbst wieder ins Leben zurückatmen, bewusst die Seele der Welt mit dem Licht der eigenen Seele entzünden – im Wissen um ihr Einssein. Durch das Mysterium des Ausatmens können die nährenden Energien der Quelle die äußere Welt der Formen wiederbeleben. So wie wir stets von den Energien des Selbst genährt werden, so ist die Welt genährt von der Energie des Wirklichen, die aus den inneren Ebenen fließt.

Je mehr unser Bewusstsein im Selbst gründet und sich der Einheit bewusst ist und nicht durch das Getrenntsein unseres Ego eingeschränkt ist, desto mehr können wir dieses Genährtsein erfahren und teilen. Tatsächlich ermöglicht unser

Gewahrsein dem Selbst, auf eine viel direktere Weise an unserem Leben teilzuhaben: durch unsere bewusste Ausrichtung auf das Wirkliche kommt Es in unser Leben oder enthüllt Sich Selbst in unserem Leben.

Darin liegt die Bedeutung der spirituellen Praktiken, die dazu geschaffen wurden, unsere niedere Natur zu transformieren und zu läutern. Die Sufis nennen dies *das Polieren des Spiegels des Herzens*. Wenn der Mystiker den Pfad gegangen ist, den inneren Spiegel gereinigt hat, sieht er das Wirkliche klar um sich herum: »Wo auch immer du dich hinwendest, da ist das Antlitz Gottes.«[61]

Diese innere Arbeit des Polierens ermöglicht es dem Licht der wahren Sonne, in unser Leben gespiegelt zu werden. Dieses Licht nährt sowohl unser Leben als auch das Leben um uns herum. Dies war schon seit jeher eine der Aufgaben der Mystiker: das reine Licht des Selbst in ihre unmittelbare Umgebung zu bringen und so wahrhaftig einen Beitrag zur inneren und äußeren Umgebung zu leisten. Durch die stille Hingabe des Herzens gelangt die Süße der Erinnerung in diese Welt des Vergessens.

Doch wir müssen nicht erst die Arbeit des Polierens vollenden, um das Licht der Einheit in unser Leben zu bringen. Diese Arbeit kann ein Lebenswerk sein, doch die Welt bedarf *jetzt* der Erinnerung. Erinnerung kann eine Erfahrung eines jeden Augenblicks sein, wenn sich die Schleier einen Moment lüften und wir ganz gegenwärtig sind. Das Gewahrsein des Atems bringt uns zurück zum gegenwärtigen Moment, in dem wir den Zyklus der Schöpfung, vom Formlosen zur Form und dann wieder zurück zum Formlosen, leben. Wir erfahren die reine Leere des Formlosen am Ende des Einatmens, »ah« – wenn wir zu diesem Augenblick der Seligkeit zwischen dem

Einatmen und dem Ausatmen zurückkehren. Dann nimmt uns der Atem zurück in die physische Welt.

Dies ist der gesamte Zyklus des Lebens, und wir können in genau diesem Augenblick ganz gegenwärtig sein, sowohl bezeugend als auch mitgestaltend. Wir sind ganz und gar lebendig an diesem Ort, wo die beiden Meere aufeinandertreffen, wo die Form und das Formlose sich berühren.

Am Anfang war nichts, und nichts fehlte
Das Papier war leer. Wir nehmen den Pinsel zur Hand
    und erschaffen die Szene ...
Die Landschaft, der Wind,
    der das Wasser zu Wellen kräuselt.
Alles hängt von unserem Pinselstrich ab.
Unser Ochse lässt sich von der guten Erde führen,
so wie unser Pinsel der Hand erlaubt, ihn zu bewegen.
Nimm jede Richtung, bereise die Welt bis
    zu ihrem äußersten Ende.
Alles kommt dahin zurück, wo es begonnen hat ...
Zu der gesegneten Leere.
Hsu Yun[62]

EINHEIT IN ENTFALTUNG

Der sich von Augenblick zu Augenblick entfaltende Zyklus des Lebens, der Tanz zwischen dem Einen und dem Vielen, ist nicht vorgegeben. Wie alle Aspekte des Absoluten, so entwickelt sich auch die Einheit. In der Einheit gibt es ein Bewusstsein, ein Licht, das die Muster der Manifestation bestimmt, das beeinflusst, wie sich die Vielen im Einen widerspiegeln. Wenn die Menschheit lernen kann, mit diesem

Licht zu arbeiten, mitzugestalten, wie sich die Energien der Einheit in dieser Welt manifestieren, dann kann sich so vieles verändern.

Um die sterbende Welt zu erneuern, reichen jene Menschen, die sich dem spirituellen Leben verpflichtet haben und auf der Ebene der Einheit fest verankert sind, nicht aus. Es ist bitter notwendig, die Energien der Einheit dem ganzen Leben zu geben, um es zu erhalten und zu transformieren. Spirituelle Arbeit wartet auf alle jene, die ihre Reise nach Hause noch nicht beendet haben, denen ein flüchtiger Einblick in ihre wahre Natur gegeben wurde, die jedoch noch im Ego verweilen.

Alles, was es dazu braucht, ist die größere Dimension der spirituellen Arbeit zu erkennen und uns nicht länger auf unsere individuelle innere Reise und unser eigenes spirituelles Wohlbefinden zu fokussieren. Wir leben den gesamten Atemzyklus – im Wissen, dass das gesamte Leben der Erneuerung bedarf. Und wir sind willens, zu diesem Zweck benutzt zu werden, auf diese Weise zu dienen.

Diese Abkehr ist für Suchende, die spirituelle Arbeit nur mit dem Bild der Selbstentwicklung oder der individuellen Reise nach Hause besetzt haben, nicht so einfach. Doch unsere Welt ruft nach der Energie des Wirklichen. Unsere spirituelle Reise ist Teil der Reise der Erde, unser Atem ist der Atem des Lebens. Im spirituellen Leben geht es um Ganzheit, welche die gesamte Schöpfung einschließt. Das Licht der Einheit kann die Illusion der Trennung verbannen und der Menschheit helfen, das Gewebe des Lebens, zu dem wir gehören, zu erkennen.

Wenn wir dieses Bewusstsein der Einheit ins Leben bringen, helfen wir dem Leben, sich seiner wahren Natur gewahr zu werden, als ein sich selbst erhaltender Organismus, der sein eigenes spirituelles Bewusstsein hat. Wir erkennen und unterstützen den natürlichen Fluss der inneren und äußeren Ressourcen durch das Gewebe der Existenz und beseitigen so die Hindernisse, die es einigen wenigen erlauben, Ressourcen zu horten. Dies ist kein naiver spiritueller Traum, vielmehr ist es das, was möglich ist, wenn die Menschen leben, was ihnen gegeben wurde.

Eines der dringlichsten Bedürfnisse unserer Zeit ist es, die scheinbaren Gegensätze von Geist und Materie zu vereinen. Das Licht der Einheit entzündet die der Materie innewohnende Magie, setzt das spirituelle Potential der Materie und die wohlwollenden Kräfte in der Schöpfung frei. Der Verlust dieser Magie gehört zu der esoterischen Verwüstung der Erde und ist einer der Gründe, wieso die Schöpfung ihr Licht verliert. So wie wir die Namen der Schöpfung vergessen haben, so haben wir uns selbst von der gesamten Schöpfung abgetrennt. Wir haben, wie Thomas Berry es ausdrückt, »die große Konversation« mit der natürlichen Welt abgebrochen:

> Wir sprechen nur mit uns selbst. Wir sprechen nicht mit den Flüssen, wir hören dem Wind und den Sternen nicht zu. Wir haben die große Konversation abgebrochen. Durch das Aussetzen dieses Gesprächs haben wir das Universum zertrümmert. Alles Unheil, das heute geschieht, ist eine Konsequenz dieses spirituellen »Autismus«.[63]

Unsere spirituelle Reise ist Teil der Reise der Erde, der Reise der Flüsse und des Windes und der Sterne, der Samen und des Regens. Das Leben braucht die Kraft dieser spirituellen Magie, die ihm hilft, sich zu entwickeln. Und es braucht das Licht der Einheit, um das Feuer des Lebens wieder zu entfachen. Andernfalls wird das Leben stagnieren, und die Menschheit wird sich weiterhin im Kreis bewegen, in Zyklen von zunehmender Dunkelheit und Zerstörung.

Die Menschen sind machtvolle Transformatoren von Energie. Jeder Mensch umfasst das Ganze. Durch unsere spirituellen Zentren sind wir mit den spirituellen Energien der inneren Welten, welche uns unterstützen, verbunden und auch mit den ursprünglichen Energien der Erde. Zugang zu diesen Energien zu haben, ist so einfach. Wir müssen uns einzig dem Teil unserer selbst zuwenden, der bereits mit dem Ganzen in Einklang steht, diesem Gefühl in Herz und Seele, dass das Leben unserer Hilfe bedarf. Wir müssen nicht immer etwas tun, um zu »helfen«. Wir müssen nur unser Gefühl der Verbindung zulassen, unser wachsendes Mitgefühl, unser Gefühl der Verantwortung, um davon genährt und geleitet zu werden. Wir lernen hinzuhören und in unserem Zuhören gegenwärtig zu sein.

Wir alle werden individuell reagieren, aber es besteht ganz konkret die Notwendigkeit, die höheren und niederen Energien durch Gruppen zusammenzuführen. Spirituelle Gruppen wurden traditionellerweise benutzt, um die Energien der höheren Ebene zu erden. Und sie können dies rascher tun und mehr Energie passieren lassen als Individuen. Gruppen von Menschen, die zusammen beten und meditieren, deren Bewusstsein aufeinander und auf das Göttliche ausgerichtet ist, sind unendlich viel mächtiger als einzelne Menschen.

Früher war es ein Geheimnis, dass spirituelle Gruppen genutzt werden können, um Energie von den inneren Ebenen zu fokussieren und in die Schöpfung hineinzubringen. Eine spirituelle Gruppe, die zusammengehört, ist ein sehr machtvoller Lichtorganismus und kann als Linse gebraucht werden, um höhere Energien ins Leben zu bringen. Je mehr die Gruppe innerlich miteinander verbunden ist, desto höher ist die Frequenz, die übermittelt werden kann. Die Energie kann so dorthin gelenkt werden, wo sie gebraucht wird. Genau wie man seine Aufmerksamkeit überall im physischen Körper hinrichten kann, so kann in den Körper der Menschheit überall hin Energie gerichtet werden.[64] Und wenn diese Gruppen in der inneren und äußeren Welt miteinander verbunden sind, bilden sie ein Gewebe aus Licht um den Globus herum, das dazu dient, der Menschheit und der Erde zu helfen, einen Entwicklungsschritt in unserer gemeinsamen Evolution zu machen.[65]

Doch leider sind viele spirituelle Gruppen genauso sehr in Bildern von Trennung gefangen wie das Kollektiv, allzu fokussiert auf das Individuum und dessen Bild des spirituellen Lebens oder gefangen in hierarchischen Strukturen. Viele Gruppen stellen immer noch die persönliche Entwicklung oder die Selbstermächtigung ins Zentrum, statt das tiefere Bedürfnis, in Beziehung mit dem Ganzen zu sein, zu verstehen. Andere Gruppen wiederum legen vielleicht Wert darauf, anders, sogar besser als andere spirituelle Gruppen zu sein, statt zu erkennen, auf welche Weise jede lebendige spirituelle Tradition eine Note in einer Symphonie von Licht ist.[66] Die organische Energie des Lebens kann nicht durch diese Strukturen fließen; sie schränken das Licht der Göttlichen Einheit ein. Diese Gruppen sind unfähig, an dieser Arbeit teilzuhaben.

Ob wir in einer Gruppe oder in uns selbst arbeiten, unsere Teilnahme wird gebraucht, damit sich das ganze Leben entwickeln kann. Nur das Göttliche kann die Welt ändern und heilen; nur die Energie und Macht des Wirklichen kann die Welt von ihren selbstzerstörerischen Illusionen befreien. Wir alle tragen diese Energie und das Bewusstsein des Wirklichen in uns, es *ist* uns. Wenn wir uns vom Ego und seinen Wünschen abwenden, werden wir erkennen, dass wir das Wirkliche sind. Und weil wir das Ganze in uns umfassen, kann dieses Bewusstsein das Licht im Leben erwecken.

Wenn wir in der Stille, zwischen dem Einatmen und dem Ausatmen, gegenwärtig sein können und diese Verbindung zwischen unserer Seele und der Seele der Welt, unserem Körper und dem Körper der Erde halten, dann kann Magie geschehen – die wirkliche Magie, die zum Schöpfer und seiner Schöpfung gehört. Dies ist Magie, die noch nicht durch die Vergangenheit beschmutzt oder durch unsere kollektiven Gedankenformen begrenzt wurde, sondern zu der Natur des Lebens selbst gehört.

In seinem Kern ist das Leben voller Wunder und trägt diese Magie in sich, die darauf wartet, sich zu entfalten. Sie kann helfen, das, was wir verschmutzt und entheiligt haben, zu heilen und zu erneuern. Sie ermöglicht echte Nachhaltigkeit, so dass die Regenschauer kommen und das Korn wächst. Sie kann uns die Fähigkeit zurückgeben, wieder auf die Erde als ein lebendiges Ganzes zu hören – für ihre Seele so wie für ihren Boden zu sorgen. Wir sind dieser Ort, an dem die Welten zusammenkommen, wo das Bewusstsein der Einheit des Lebens wiedererweckt werden kann.

In dem dynamischen, verbundenen Ganzen tragen wir das Bewusstsein des Einatems, der die ganze Existenz zum Absoluten zurückführt, und ebenso das Bewusstsein des Ausatems, durch den das Wirkliche ins Leben gelangt. In diesem Erblühen des Nichts von Augenblick zu Augenblick liegen alle Möglichkeiten des Lebens. Hier ist das weiße Papier, das auf den Pinselstrich wartet, darauf wartet, dass das Leben sich wieder neu erschafft. Das Leben schöpft sich aus jedem Moment neu, das Formlose, das sich in die Form ergießt, und wir sind Teil davon. Wir sind Mitgestalter in des Lebens Manifestation der Liebe.

5

DIE BEIDEN POLE
DER LIEBE

Herr des Universums,
Parabhu, mächtiger Geist
Gütiger und gnadenreicher Allah
Mein Unendlicher,
Auf Dein Geheiß allein
Will ich die Pilgerfahrt des Lebens unternehmen
Aus Liebe für alles, was Du geschaffen hast
Und zu Deiner Ehre.

Gebet

Das Leben dreht sich um eine einzige Achse der Liebe. Diese hat zwei Pole: die Liebe für den Schöpfer und die Liebe für Seine Schöpfung.

Dies sind die Pole der Erinnerung. Wir erinnern uns des Absoluten jenseits von allem, was ist und sein wird. Und wir erinnern uns des Absoluten, das sich überall in der geschaffenen Welt manifestiert – die kleinste Grille, der wildeste Ozean, der wunderschönste Sonnenuntergang. Dies ist die ursprüngliche Dualität des Absoluten – Schöpfer und Schöpfung, transzendent und immanent, männlich und weiblich. Diese essentielle Dualität wird in vielen spirituellen Traditionen beschrieben. In der chinesischen Philosophie sind es die Kräfte von *Yang* und *Ying*, die männlichen und weiblichen Prinzipien. Im Hinduismus ist sie durch *Shiva*, das immerwährende Prinzip und *Shakti*, die Lebenskraft in der Schöpfung und auch durch *Purusha* und *Prakriti*, Geist und Materie, verkörpert. Im Buddhismus wird die Wirklichkeit sowohl als Leere als auch als Mitgefühl beschrieben, versinnbildlicht durch die verkörperten Buddhas und Bodhisattvas, die aus der Leere geboren sind.[67] Im mystischen Zweig des Judentums ist *Shekhinah* der immanente Aspekt Gottes, der Gegenpol zum transzendenten Gott.

Für die Sufis spiegeln sich diese dualen Aspekte in den Namen Gottes wider, als Majestät und Schönheit – *Jalāl* und *Jamāl* – welche die Mystiker als Gottesfurcht und Intimität erfahren. Verneigen wir uns in Ehrfurcht vor dem transzendenten, allmächtigen Gott und öffnen uns der Liebe, die uns näher ist als unsere Halsschlagader, so erfahren wir tiefste Intimität.

Keiner dieser Aspekte des Absoluten ist wirklicher als der andere. Die ursprüngliche Zweiheit ist nichts anderes als der Eine.

Im Westen haben wir eine spirituelle Kultur geerbt, welche diese beiden Aspekte des Wirklichen verzerrt hat. Wir haben die wahre Majestät des Absoluten auf das Gottesbild einer distanzierten Vaterfigur reduziert, von der wir erwarten, dass sie uns entweder verurteilt oder sich um seine Kinder kümmert. Wir sehen in der Schöpfung nicht die ehrfurchtgebietende Schönheit des Absoluten, die Sich Selbst in der Form offenbart, sondern eher eine Ressource, die der Befriedigung unserer Bedürfnisse dient. Statt unserer Sehnsucht nach der immensen Liebe und Intimität des Wirklichen zu folgen, halten wir dieses Sehnen oft für eine Depression oder geben uns mit Beziehungen zufrieden, die auf die Bedürfnisse des Ego ausgerichtet und nur ein Abklatsch davon sind.

Das Zusammenspiel dieser verzerrten Bilder entfernt uns von der Wirklichkeit. Das Konzept eines distanzierten Gottvaters lenkt unsere Aufmerksamkeit vom Leben weg und verhindert, dass wir uns als Teil der göttlichen Schöpfung, als Teil ihrer Mysterien und Wunder erfahren. Es beraubt uns der Erfahrung der Heiligkeit unseres eigenen Körpers und der Erde. Und weil wir auf mannigfaltige Weise Selbstbezogenheit und romantische Ideale für Liebe halten, verhüllen wir unseren innigsten Wunsch nach wirklicher Intimität mit dem Göttlichen und verhüllen all jene Seiten in uns, die sich ganz dieser manchmal auf brutalste Weise kompromisslosen Liebesgeschichte hingeben.

Ohne das Wissen um die Majestät der wahren Macht und die Intimität der Liebe, die im Leben Ausdruck findet und uns wandelt, sind wir verloren in der Welt der Schatten, und das Leben selbst ist verdunkelt.

MAJESTÄT UND SCHÖNHEIT

Die Macht des Schöpfers ist die Macht des »Ich bin, der Ich bin«[68], die Macht von »Das, was ist«. Dieser undefinierbare und unerreichbare Aspekt der Wirklichkeit beschreibt Ibn ʿArabī wie folgt:

Er ist und mit Ihm gibt es kein Vorher und kein Nachher, weder ein Oben noch Unten, weder ein Nah noch ein Fern, weder Vereinigung noch Trennung, weder Wie noch Woher noch Wo. Er ist jetzt, wie Er war. Er ist der Eine ohne

Einssein und der Einzige ohne Einzigkeit. Er ist ganz das
Äußere und das Innere.[69]

Die unvergleichliche Natur des Absoluten ist unerreichbar,
»jenseits sogar unserer Ideen des Jenseitigen«. Im Sufismus
heißt es, man solle gar nicht erst versuchen, das Absolute zu
betrachten, denn man könne es nie erkennen oder erreichen.
Ein *Hadīth* besagt: »Denke über die Schöpfung, aber nicht
über den Schöpfer nach«.[70] Man kann die Eigenschaften des
Absoluten betrachten, aber nicht das Absolute selbst. So wie
der Sufi-Mystiker Sanā'ī Gottes Stimme sagen hört:

Was immer du denken magst, Ich sei es –
Ich bin es nicht!
Welche Vorstellung auch in deinem Verständnis
.Platz findet,
Wie ich sein könnte – so bin Ich nicht![71]

Dies entspricht der althergebrachten hinduistischen Praxis
des *Neti Neti*, das Anerkennen, dass es auf der Pilgerfahrt zur
Wirklichkeit »das nicht, das nicht« ist.

Die Mystiker erinnern sich dieses majestätischen Aspektes des Absoluten, der grundlegenden *Gegebenheit* des Absoluten. Es ist anders. Es ist undefinierbar. Es ist unerreichbar.
»Niemand kennt Gott außer Gott.«

Im Sufismus verbeugen wir uns vor unserem Geliebten,
den wir nicht kennen können. Wir sitzen zu Dessen Füßen.
Wir sind Diener eines Meisters, den wir nicht benennen können. Mystiker leben diese Wahrheit in einem Zustand des
vollständigen Nichtwissens, denn Das, dem wir zugehören,
können wir nicht kennen. Wir verweilen vor der Majestät

Gottes in einem Zustand des fortwährenden Gebets, einem Zustand völliger Unterwerfung.

Indem sie diese ursprüngliche Achse der Erinnerung leben, vermeiden die Mystiker die unnötigen Machtdynamiken, welche die meisten Menschen gefangen halten. Welche Machtspiele könnten wir denn im Angesicht einer solchen Macht noch spielen? Der Diener ist auf den Einen ausgerichtet, den man nicht kennen oder beim Namen nennen kann und der Sich Selbst immer wieder auf neue Weise offenbart. Die Achse, um die wir uns drehen, ist auf das Wirkliche ausgerichtet, und sie hat eine höhere Drehzahl als diejenige der Dynamiken der anderen um uns herum. Wir sind in der Tat frei – in einem Zustand von Aufmerksamkeit und Ehrerbietung.

Es ist wichtig anzuerkennen, dass die göttliche Erhabenheit eine brutale Seite hat, welcher als »Zorn Gottes« beschrieben wird. In der zeitgenössischen spirituellen Kultur wird diese Dimension nur selten anerkannt. Doch finden sich in der Geschichte viele Erzählungen über die Gewalt Gottes. Die biblische Flut ist ein Ausdruck davon:

Ich will nämlich die Flut über die Erde bringen, um alle Wesen aus Fleisch unter dem Himmel, alles, was Lebensgeist in sich hat, zu verderben.[72]

Und mit den Worten Christi: »Denkt nicht, ich sei gekommen, um Frieden auf die Erde zu bringen. Ich bin nicht gekommen, um Frieden zu senden, sondern das Schwert.«[73]

Viele große Heilige haben sich diesem Aspekt Gottes ergeben, so auch die Heilige Teresa von Avila, die Inspiration und göttliche Führung dazu bewog, zahlreiche Klöster in ihrem

neuen Carmeliten-Orden zu gründen. Während einer gefähr-
lichen Reise zu einem weit entfernten Ziel, erzählt man, sei
sie während einer Flussüberquerung von ihrem Pferd abge-
worfen worden. Sie schrie zu Gott: *»Lieber Herr, wenn dies
die Behandlung ist, die Du Deinen Freunden angedeihen lässt,
dann ist es kein Wunder, dass Du so wenige hast!«*

Sie packt beides in Humor ein, die immense Herausforde-
rung, Gott zu dienen, sich wieder und wieder einem Gott hinzugeben, der absoluten Gehorsam verlangt und die Tatsache,
dass wenige zu einer solchen Beziehung fähig sind.

Im Sufismus ist dieser Aspekt Gottes als »das Schwert von
La ilāha« bekannt, das Schwert, das durch alle Illusionen des
Lebens schneidet und nur das eine bejaht: *Es gibt keinen Gott
außer Gott!*

Im Westen – und ganz besonders in Amerika als Reaktion auf dessen puritanisches, gottesfürchtiges Erbe – gibt es
eine tiefsitzende Angst vor wahrer Autorität und ein großes
Bedürfnis nach einem tröstenden und besänftigenden Gott.
Doch dieser Aspekt des Absoluten ist nicht besänftigend. Er
behandelt nicht alle gleich; er ist nicht milde. Tatsächlich
kann er einen zerstören, das Ego zerstören, das Selbstgefühl,
die Kontrollmechanismen, alles, was einen von Ihm und Seiner Liebe trennt. Mit Rūmīs Worten: »Wir sind die Freunde
des Einen, der Seine Freunde schlachtet.«[74] Diese Liebe zerstört, was zerstört werden muss.

Eine Beziehung mit diesem Aspekt des Absoluten ist nicht
sicher. Sie ist nicht gehalten; sie kann nicht kontrolliert werden. Sie ist lebendig, gegenwärtig und hat ungeheure Macht.
Sie ist wahrhaftig und verlangt von einem, wahrhaftig zu sein
und sich dem zu verpflichten, was in einem wahrhaftig ist.

Wenn Suchende das Schwert nicht führen können, das dafür einsteht, dass es keinen Gott gibt außer Gott, wenn sie die Macht, die jenseits von Machtdynamiken ist, nicht ausüben, die Klinge nicht nutzen können, die jegliche Illusionen oder jegliches falsche Selbstgefühl abtrennt und in einem einzigen Augenblick bejaht, was in ihnen selbst wirklich ist, dann kommt eine Zeit, in der sich der spirituelle Pfad für sie verschließt und sie nicht weitergehen können.

Dieser Aspekt des Wirklichen muss gewürdigt werden, so wie er ist. Sonst dreht sich der Suchende auf der gleichen Ebene im Kreis herum, er kreist mit der gleichen Vibration, unfähig hinter sich zu lassen, was nicht länger wahr ist – gefangen auf der gleichen Ebene der Illusion, den Mustern des Ego oder den Dynamiken eines spiritualisierten Selbstgefühls.

Für viele ist es einfacher, sich auf den anderen Aspekt des Absoluten in der dualen Natur der Wirklichkeit zu beziehen. Dies ist die unermessliche Intimität und Liebe, die im sufischen Namen Jamāl, der Schönheit Gottes, enthalten ist, einer Schönheit und Zärtlichkeit, die im Herzen und mitten im Leben lebendig ist. In der Innigkeit dieser Schönheit erfährt man seinen Geliebten als »dir näher als du selbst«. Hier findet man die Süße und Extase, die nur Liebende kennen.

Religiöse und spirituelle Traditionen haben seit jeher diesen Aspekt des Göttlichen betont. So hat Johannes in seinem ersten Brief verkündet: »Wer nicht liebt, der kennt Gott nicht; denn Gott ist Liebe.«[75]

Die göttliche Seite der Schönheit ist, wie die Majestät, frei von allen Machtdynamiken, denn sie ist vollendet. Wie Rūmī es ausdrückt: »Subtile Formen von Unterwerfung und Knechtschaft sind das, was ihr als Liebe kennt. Doch Liebe ist anders, sie kommt ganz – ist einfach hier. Wie der Mond im Fenster.«[76]

Die meisten von uns sind in Ego-Dynamiken von Unterwerfung und Knechtschaft gefangen, in Kontroll- und Abhängigkeitsmustern, Dynamiken von Sicherheit und Unsicherheit. Wir suchen in jeweils einem dieser Gegenpole nach psychologischer Sicherheit, und wir haben diese Dynamiken auf unsere Vorstellung von der Liebe und vom spirituellen Leben übertragen. Doch wie Rūmī sagt, ist göttliche Liebe völlig anders – sie ist ganz. Sie ist frei. In dieser Liebe sind wir uns selbst, alleine mit dem Geliebten.

Viele, die von einem spirituellen Pfad angezogen sind, werden von dieser Liebe gerufen. Es dürstet uns nach dieser Liebe. Wir sehnen uns danach, von dieser Einheit eingenommen zu werden, von dieser Intimität und diesem extatischen Rausch:

Da gibt es diesen einen Kuss, nach dem es uns
ganz und gar verlangt,
die Berührung des Körpers durch den Geist.

Das Meerwasser erfleht von der Perle,
sie möge ihre Muschel zerbrechen …[77]

Doch ebenso wie der Aspekt der Majestät Gottes ist auch dieser Aspekt missverstanden worden. Dies ist nicht eine Liebe, bei der man sich immer gut fühlt. Es ist keine Postkartenliebe, keine Liebe, die sich in einem Roman findet. Es ist die Liebe des Absoluten. Sie sickert durch alle Schutzwälle hindurch, sie durchdringt einen Menschen von innen nach außen, sie löst auf, was nicht wirklich ist und nimmt einen Suchenden in eine grenzenlose Vereinigung, die zu lebendig, zu fordernd, zu vollständig ist, um je sicher zu sein.

Diese Liebe bricht »die Muschel der Perle« und enthüllt die Seele.

Die gleiche Liebe durchdringt auch die gesamte Schöpfung. Indigene Völker haben sie seit jeher in der Erde und in allen Geschöpfen gewürdigt. Es ist eine Liebe, die uns alle verbindet. Mit Tatanka Yotankas (Sitting Bull) Worten:

Seht, meine Brüder, der Frühling ist gekommen.
Die Sonne hat die Umarmung der Erde empfangen,
und bald werden wir die Früchte dieser Liebe sehen!
Jeder Same ist erwacht und so auch das ganze Tierreich.
Es ist dieselbe mysteriöse Kraft, die auch uns das Sein
schenkt. Und so gewähren wir auch unseren Nachbarn,
und auch den benachbarten Tieren
das gleiche Recht wie uns, dieses Land zu bewohnen.

Die Achse der Liebe lädt uns ein, aus den Begrenzungen des Ego heraus in die Unermesslichkeit einer Liebe, die jedes Atom bewegt, hineinzutreten. Es ist noch nie einfach gewesen, dieser Einladung zu folgen.

Ikkyu, ein Zen-Dichter des 15. Jahrhundert tadelte die Priester seiner Zeit:

Jeden Tag studieren die Priester minutiös das Gesetz
Und singen endlose Gesänge komplizierter Sutren.
Bevor sie dies tun, sollten sie besser lernen,
die Liebesbriefe zu lesen, die der Wind sendet
und der Regen, der Schnee und der Mond.

Diese Intimität und Zärtlichkeit des Absoluten offenbart Sich Selbst, wo Es will. In einem Augenblick ist es der salzige Geschmack des Meeres, im nächsten das Sonnenlicht auf einem Feld, der klare Frost des Herbstes, die Tautropfen auf einem Spinnennetz. Im nächsten wiederum ist es eine unglaubliche Süße im Herzen, eine innige Zugehörigkeit zu einer unbenennbaren Gegenwart. Entlang der Achse der Liebe erfahren wir wahre Zugehörigkeit. Sie arbeitet mit der Majestät Gottes, um uns näher und näher zu ziehen, zu endgültiger Hingabe und vollständiger Unterwerfung, bis wir erkennen, dass wir die Einheit sind, welche die gesamte Schöpfung umschließt, dass wir die Liebe sind, die in allen Zellen lebendig ist.

DIE BEZIEHUNG ZUM LEHRER

Die meisten Menschen können sich nicht direkt auf das Absolute beziehen, weder auf dessen innigen noch dessen ehrfurchtgebietenden Aspekt. So beginnt für viele diese Beziehung mit einem Lehrer. Wenn ein Lehrer mit einer lebendigen Tradition verbunden ist, können dem Schüler beide Aspekte vermittelt werden. Der Lehrer ist ein Vermittler – ein Sprungbrett – für eine Beziehung, die letztlich allein zwischen Liebendem und Geliebtem stattfindet.

Diese Beziehung erfordert, dass der Lehrer sich vollständig hingegeben hat. Andernfalls werden Machtdynamiken den Prozess untergraben, die Übertragung blockieren. Wir sehen, wie diese Machtdynamiken sich in der Vergangenheit abspielten. Genauso zeigen sie sich auch in der zeitgenössischen Spiritualität, angefangen mit den Missbräuchen der katholischen Kirche bis hin zu unangebrachten Beziehungen zwischen Schülern und buddhistischen Lehrern.

Man kann sich gegen solche Dynamiken nicht absichern, es sei denn, man findet einen Lehrer, der sich vollständig Gott unterworfen hat, der leer gemacht wurde. Dann ist die Beziehung nur auf einem Bedürfnis gegründet – dem Bedürfnis nach Wirklichkeit.

Wenn eine Suchende ihrem Lehrer begegnet, kann ihr Liebe in einer Intensität geschenkt werden, wie sie dies zuvor noch nie erfahren hat. Man wird vollständig geliebt, bedingungslos akzeptiert. Es ist eine Beziehung von Seele zu Seele, von Herz zu Herz. Durch die Beziehung mit dem Lehrer wird die Seele, die aus Liebe gewirkt ist, wachgerufen und mit noch mehr Liebe durchdrungen; und diese Liebe durchströmt den ganzen Menschen. Sie fließt von der Seele in den emotionalen Körper, in den ätherischen Körper und auch in den physischen Körper. Man erfährt große Zärtlichkeit, ein Gefühl von Nähe, Liebe und Sehnsucht. Die Suchende kann mit dieser Liebe verschmelzen.

Diese Liebe ist nicht von Macht getrennt. Der Aspekt der Majestät und der Aspekt der Schönheit sind eins, sie fügen sich spiralförmig zusammen im Dienst der Wahrheit. Es gibt unzählige Geschichten von solcher Hingabe und Unterwerfung, Liebe und Furcht, Intimität und Ehrerbietung, bei allen Heiligen aller Traditionen. Im Buddhismus legte man in der Vergangenheit großen Wert auf die Rolle des Lehrers und die Übertragung vom Lehrer auf den Schüler. Der tibetische Heilige Milarepa, der sich dem Willen seines Lehrers Marpa unterwarf, ist eines dieser Beispiele.

Milarepa wurde auf sehr einfache Weise geschult, sich vollständig zu unterwerfen. Als er seinem Lehrer Marpa begegnete, erhielt er keine Unterweisung in spirituellen Praktiken. Stattdessen leitete Marpa Milarepa an, ihm ein Haus zu bauen – was dieser tat. Doch Marpa war nicht zufrieden und hieß seinen Schüler, es niederzureißen und an einer anderen Stelle wieder aufzubauen. Was Milarepa tat. Dies erforderte monatelange harte Arbeit. Und auch dann war Marpa noch nicht zufrieden und befahl Milarepa, die Struktur erneut abzureißen. Was dieser natürlich tat, denn er verstand das Band von Macht und der Ergebung, welche diese beiden Menschen durch viele Leben hindurch verband. Dies ging einige Zeit so weiter. In Milarepas Lied heißt es:

> Nach einer harten Reise kam ich dort an.
> Ich blieb sechs Jahre und acht Monate bei ihm, meinem gnadenvollen Vater Guru, Marpa.
> Ich baute ihm viele Häuser, eines mit Innenhöfen und neun Stockwerken;
> erst dann akzeptierte er mich.[78]

Zu Beginn wehrte sich Milarepa dagegen, die Häuser zu zerstören und immer wieder neu zu bauen. Es schien sinnlos, ohne Grund. Doch schließlich gab er sich hin; er akzeptierte bedingungslos den Willen seines Lehrers. Und kaum hatte ihn sein Lehrer angenommen, wurde er auch schon geheißen, zu gehen. Die Schulung in Unterwerfung war beendet. Nachdem er seinen persönlichen Willen hingegeben hatte, konnte sein höherer Wille durch ihn inkarnieren. Er verließ seinen Lehrer und zog – der Wahrheit verpflichtet – in die Welt hinaus.

Viele verstehen nicht, was den persönlichen Willen vom höheren Willen unterscheidet. Der höhere Wille gehört zum Selbst, zu unserem höheren Schicksal und dem Willen Gottes. Es braucht große Unterscheidungskraft, um den höheren Willen vom Willen des Ego zu unterscheiden und sich darauf auszurichten. Doch durch die Gnade der Tradition und die Beziehung mit dem Lehrer lernt das Ego, sich zu verneigen, und so inkarniert sich der höhere Wille. Wenn dies geschieht, ist es die Seele, welche den Menschen führt. Und die erwachte Seele ist stets der Wahrheit unterworfen. Und die Seele gehört zur Liebe.

Die Sufi-Lehrerin Irina Tweedie liebte ihren Sheikh über alles. In ihrem Buch »*Der Weg durchs Feuer*« beschreibt sie das Gefühl von Intimität, das anders war als alles, was sie je zuvor erfahren hatte. Ihr Herz verweilte in seinem Herzen in unermesslichem Frieden, trotz des Trubels um sie herum, trotz der Leute, die mit ihm sprachen und der Betriebsamkeit seines Familienlebens.

Gleichzeitig fühlte sie seine große Distanziertheit, seinen furchteinflößenden Blick, ein hartes, kaltes, steinernes Gesicht. Und er behandelte sie oft mit scheinbarer Grausamkeit, quälte sie psychologisch, ignorierte sie, und sie fühlte sich einsam und von ihm verlassen.

Jahre später erzählte sie, wie Leute ihr Fragen zu ihrer spirituellen Schulung stellten und wissen wollten, »ob sie es denn wieder tun würde?« Sie gab zur Antwort, dass sie erstens es gar nicht mehr tun könnte, sie sei zu alt und ihr Körper würde es nicht ertragen – die Hitze, den Schmerz, das Herzweh und zweitens, dass es auch nicht mehr tun müsste, denn sie würde von Anfang an einfach nur »Ja« sagen.

Durch diese Verflechtung von Majestät und Schönheit, von Macht und Liebe, lehrte ihr Lehrer sie Hingabe, lehrte sie, Staub zu seinen Füßen zu werden. Nur wenn dies geschieht, kann man bedingungslos dem Willen des Lehrers folgen. Und manchmal wird einem erst nach der Beendigung der Schulung die wahre Liebe des Lehrers für den Schüler bewusst, die von Anbeginn an da war – der geschlossene Kreis der Liebe. Wahre Hingabe mag als ein inneres Ringen beginnen, doch am Schluss ist es ein Zustand der Gnade, in welchem sich etwas im Suchenden verbeugt, zuerst vor demjenigen im Lehrer, das der Wille Gottes ist, und dann vor Gott allein. Dies ist die traditionelle Schulung. Und es beinhaltet eine Bereitschaft, beide Aspekte des Absoluten zu umfassen – die Gewalt und Strenge von *Jalāl* und die immense Liebe und Gnade von *Jamāl*. Diese Beziehung gehört zum tiefgründigen Geheimnis, dass die gesamte Schöpfung sich vor ihrem Schöpfer verbeugt. Alles verbeugt sich vor Gott, jedes Atom preist Seinen Herrn.

In dieser Beziehung hat der Mystiker *keine* Macht. Es ist die vollständige Unterwerfung, welche ermöglicht, dass die Energie des Absoluten in diese Ebene der Wirklichkeit gelangt. Die Person muss sich in einem Zustand der Hingabe befinden, sonst trifft die Energie des Absoluten das Ego und bewirkt Inflation oder sie erschreckt und verletzt das Individuum. Geschieht dies, ist es dem Mystiker schlicht und einfach nicht möglich, zu funktionieren, und Gott braucht unser Funktionieren als die Menschen, die wir sind. Der Geliebte braucht uns als Liebende:

> Wahrlich, es gibt Diener unter Meinen Dienern, die Mich lieben, und Ich liebe sie; sie sehnen sich nach Mir, und Ich sehne Mich nach ihnen, und sie blicken auf Mich, und Ich blicke auf sie … und Ich sehe, was sie um Meinetwillen ertragen, und ich höre, was sie um Meiner Liebe willen klagen.[79]

Durch diesen Liebesbund, welcher der Intimität und Ehrfurcht entspringt, verbindet der Liebende die Welten, die formlose innere Welt und die äußere Welt der Schönheit und der Form des Lebens.

DIE SUBSTANZ DER SEELE

In der Seele eines Mystikers gibt es eine Substanz, welche die Zweiheit als den Einen erkennt, welche die Schöpfung dem Schöpfer in einem Akt der Erinnerung darbringen kann. Es ist durch dieses Erinnern, dass wir die Wahrheit dessen, was wirklich ist, in diese Welt der Illusion bringen. Und indem wir dies tun, erlösen wir diese Welt, nähren sie und enthüllen ihre essentielle Einheit.

Die Welt ist am Verhungern. Durch unsere kollektive Haltung isolieren wir die äußere Welt von ihrem spirituellen Kern. Unser Fokus auf den Materialismus, unsere Verneinung des Heiligen in der Schöpfung hat uns von der Quelle des Lebens entfernt. Der Strom des Lebens ist nicht mehr rein; seine Gewässer sind äußerlich und innerlich verschmutzt. Die symbolischen Welten, die das äußere Leben früher mit Sinn erfüllten und von innen heraus mit heiliger Nahrung versorgten, wurden entheiligt. Durch die Trennung vom Heiligen und von der Quelle fehlt dem Leben ein essentielles Element, die Natur des Geistes.

Die Aufgabe des Mystikers in der heutigen Zeit ist es, das Leben wieder mit seiner Quelle zu verbinden. Es gibt Menschen, die geboren wurden, um diese Arbeit zu tun, um die Welt mit dem zu verbinden, was wirklich ist, um die Welt auf die Pole der Liebe auszurichten. Wenn man auf die Welt gekommen ist, um auf diese Weise zu dienen, ist die Substanz der Seele von einem besonderen Licht. In einem solchen Menschen gibt es eine andere Schwingung, denn diese Substanz ist von einer besonderen Prägung. Sie gehört sowohl zum Schöpfer als auch zur Schöpfung und ist in sich selbst eine Verbindung der Liebe zwischen den Welten.

Diese Substanz ist das Kostbarste in unserem Leben. Sie ist wie flüssiges Gold. Sie macht einen Teil unseres Wesenskerns aus und verbindet uns mit einer gewissen Struktur des Lebens. Von einer spirituellen Perspektive aus gesehen, ist dies der Grund unseres Daseins. Es ist der ursprünglichste Sinn unserer Inkarnation – die wahre Bedeutung des Lebens.

Zu Beginn unseres Lebens ist diese Substanz inaktiv, sie ist wie ein Samen. Sie ist einfach eine Möglichkeit, die erst noch zum Leben erwachen muss. Sie ist noch nicht ganz lebendig. Doch durch die richtige Haltung, durch die Bereitschaft zu dienen und durch Gnade, beginnt diese Substanz sich zu regen, wird lebendig. Die Suchenden lernen diese Substanz als den wahren Pilger auf dem Pfad kennen, die wahre Gabe des Herzens. Und dann beginnen sie diese Prägung der Liebe zu leben, diese Gabe an das Leben und den Geliebten. In diesem Augenblick wird das Herz wirklich lebendig.

Von da an kann der Pfad nicht mehr zurückführen. Er hat sein eigenes Momentum; er nimmt dich dahin, wo er gehen will. Du bist ein Vehikel für die göttliche Substanz im Herzen. Dies ist die esoterische Bedeutung dessen, ein wahrer Mensch zu sein: *Der Mensch ist Mein Geheimnis und Ich bin sein Geheimnis. Und dies ist das Geheimnis der Geheimnisse.*

Wenn diese Substanz erwacht ist, macht sie sich immer bemerkbar. Und man lernt, zuzuhören. Sie flüstert dir Geheimnisse über sich selbst, über die Liebe, über das Herz, über das Leben. Und sie flüstert diese von deinem Herzen ins Leben, sie atmet zurück ins Leben, was uns Wahrheitsliebenden gegeben wurde. Das Leben wird zu einem Begleiter, einem Freund, und man lernt, wie man mit Liebe lebendig sein kann. Ein schönes und magisches Zusammenspiel findet zwischen all dem statt, das getrennt schien und nun in ständigem Austausch ist.

Wenn die Mystikerin in ihrem Licht lebt, erinnert sie sich des Wirklichen in ihr selbst und im Leben. Diese Substanz der Seele durchdringt die Zellen ihres Körpers – jede Zelle dreht sich mit Freude und Erinnerung um die Achse der Liebe. Und dieser von der Erinnerung belebte Körper ist nicht getrennt vom Körper des Lebens, der Erde, so wie die individuelle Seele nicht getrennt ist von der Seele der Welt. Die Substanz, das Licht, bewegt sich durch alle Ebenen der Realität hindurch. Sie strömt durch die Welten.

Alles im Leben des Mystikers wird zu einer pulsierenden Erinnerung, die das Ganze speist.

Das Leben braucht die Substanz, die in einem Menschen lebendig ist, der sich hingegeben hat, der bereit ist, zu dienen. Solch ein Mensch ist ein lebendiger Organismus von Licht und Liebe inmitten der dichten Gedankenformen dieser Welt, inmitten des ganzen Strebens nach materiellem oder spirituellem Besitz und inmitten der vielen Anforderungen des Lebens.

In unserer spirituellen Kultur mit ihrer materiellen Ausrichtung haben wir vergessen, dass die Mystiker einen Teil des göttlichen Bewusstseins des Lebens tragen. Die Mystiker tragen die Gehirnzellen der göttlichen Erinnerung, die zum Leben gehört. Ohne diesen wesentlichen Bestandteil kann das Leben sich nicht selbst erlösen, so wie wir nicht ohne die Gnade des Absoluten erlöst werden können: die Gnade, die als eine lebendige Substanz ins Leben kommt, die zum Leben gehört, die das Leben durch unsere Herzen zu dem macht, was es wirklich ist. Es ist an der Zeit, dass die Mystiker sich der

Wahrhaftigkeit dieser Verbindung erinnern, daran, dass wir Teil des göttlichen Geheimnisses des Lebens sind und darin eine Rolle zu spielen haben, wie Gott sich durch die Myriaden von Lebensformen ausdrückt.

Der Rhythmus dieser göttlichen Substanz ist tief verankert. Es ist, als wäre der Atem die Lebensspanne für diese Substanz. Für diesen Funken in der Seele sind all die unendlichen Augenblicke unserer Lebenszeit im Einatmen und im Ausatmen gegenwärtig. Das Ausatmen ist die Reise in die Welt. Und das Einatmen ist die Heimreise. Und diese beiden werden eins: der eine Atem. Unsere gesamte Lebensreise vereint sich im Wissen, dass wir nur um des Wirklichen willen leben. »Aus Liebe zu allem, was Du geschaffen hast und zu Deiner Ehre.«

In Liebe miteinander verbunden, können die inneren und äußeren Welten zu singen beginnen. Und es ist nur ein Atem. Unser Leben – unser gesamtes Leben, alles, was wir dachten es sei wichtig und alles, was unwichtig war und irrelevant – alles zusammen ist, wenn es richtig geatmet wird, ein einziger Atem.

Es ist der Atem Gottes.

Es ist das Lied der Wahrheit.

6

DIE MAGIE
DER SCHÖPFUNG

Die Welt ist aufgeladen mit Gottes Herrlichkeit.
Sie leuchtet auf wie das Funkeln von geschüttelten Folien.
Gerard Manley Hopkins[80]

Der Schöpfer ist in der Schöpfung lebendig. Das Absolute lebt in jedem Atom, in jeder Zelle.

So wie die Seele des Menschen eine heilige Substanz enthält, so gibt es auch inmitten des Lebens eine Substanz, die real ist. Sie ist wie ein Samen der Wahrheit, ein Funken des Lichts des Absoluten.

Mit dieser Substanz der Schöpfung können wir in Beziehung treten. Menschen können sich in einen einzigartigen Dialog zwischen der Substanz in der Seele und der Substanz in der Schöpfung einlassen – ein Dialog von Licht über Licht. Durch diesen Dialog zeigt sich im Kaleidoskop des Lebens die eine Essenz des Absoluten. Und das Absolute feiert Sich Selbst.

Dies ist nicht der gleiche Dialog wie der Dialog zwischen dem Licht der Seele und dem Licht der inneren Ebenen, einer entkörperten Gottheit, so wie die meisten von uns Spiritualität verstehen. Es ist das Licht der Seele im Austausch mit dem

Licht, das in der materiellen Dimension verborgen liegt – im Austausch mit dem leibhaftigen Gott. Durch diesen Dialog lernen wir das Göttliche in der Welt um uns herum verstehen. Im Sufismus weiß man um diese unterschiedlichen Formen des Bezeugens:

> Es gibt zwei Formen des Bezeugens: Die eine dient dem Erkennen der Einzigartigkeit der Heiligen Essenz, losgelöst von den Schleiern der äußeren Manifestationen. Die andere dient der Kontemplation innerhalb des Schleiers der Manifestationen. Dies ist, was die Sufis »als die Schau der Einheit in der Vielheit« bezeichnen.[81]

Die Menschheit ist dem Schöpfer durch diesen Dialog ein Spiegel für Seine Selbstoffenbarung, so wie das Hadīth qudsī: *»Ich war ein verborgener Schatz, und ich wollte erkannt werden, so schuf ich die Welt«*, besagt.

Je wacher das menschliche Bewusstsein, desto klarer zeigt sich die wahre Natur der Schöpfung. Wenn sich »das Auge des Herzens« öffnet, setzen die Praktiken des Pfades die Klarheit realer Wahrnehmung, die Wahrnehmung der Seele frei, durch welche die Mystikerin nicht länger »wie durch ein dunkles Glas« sieht. Sie wird zu den Augen Gottes in dieser Welt.

Historisch betrachtet haben wir diese Sichtweise vergessen – diese weibliche, verkörperte Seite Gottes. Und wir haben vergessen, auf welche Weise die Seelen zum Wirklichen im Leben sprechen; wir haben dieses Gespräch mit der Schöpfung vergessen. Stattdessen sind wir in unserem individuellen und kollektiven Ego gefangen und sehen das Leben nur durch ein von Wünschen und Ängsten verdunkeltes Bewusstsein, und wir reduzieren dessen dynamische Göttlichkeit auf »eine Ansammlung von Objekten.«[82] Doch diese verborgene mystische Substanz in der Schöpfung wartet darauf, dass wir mit ihr in einen Dialog treten. Und in dieser Substanz liegt auch die Essenz der Mitgestaltung, mit der die Menschheit schöpferisch an der unmittelbar im Moment stattfindenden Offenbarung des Göttlichen in der Welt teilhaben kann, an der Wiedererschaffung der Welt von Augenblick zu Augenblick.

In der Vergangenheit haben verschiedene Traditionen diese Arbeit angeleitet. Im Westen hüteten die Alchemisten das Geheimnis des in der Materie verborgenen Lichtes, und sie arbeiteten symbolisch daran, Blei in Gold zu verwandeln. In ihren Retorten und Schmelztiegeln arbeiteten sie nicht nur mit Chemikalien und Mineralien, sondern mit den spirituellen Energien in der Materie. Carl Jung sprach über die Enthüllung des Mysteriums des *Lumen Dei* und des *Lumen Naturae*. Für ihn war *Lumen Dei* das entkörperte Licht des Göttlichen, das gewöhnlich mit einem transzendenten Gott assoziiert wird. Und *Lumen Naturae* beschrieb er als das verborgene Licht in der Schöpfung und nannte es das »universale und funkelnde Feuer im Licht der Natur, das den göttlichen Geist in sich trägt.«[83]

Die Praxis der Alchemie baute auf der Erkenntnis auf, dass »wie oben, so unten« ist. Das Licht in der Schöpfung ist die Manifestation des einen Lichtes, so wie es in dem zentralen alchemistischen Text, der *Smaragd-Tafel* von Hermes, beschrieben wird:

Der Vater aller Vollkommenheit der gesamten Welt ist hier. Seine gewaltige Macht ist vollzogen, wenn sie in Erde umgewandelt worden ist.

Die »Umwandlung in Erde« ist das große Werk der Menschen, den Schöpfer in der Schöpfung zu erkennen, zu enthüllen und zu ehren und dabei »die mächtige Kraft« zu befreien, die zum Absoluten gehört.

Eine ähnliche Überlieferung findet sich im Sufismus. Der frühe Sufi Dhū'l-Nūn war »bekannt für seine Verbindung zur Alchemie«[84], und es gibt eine ganze verborgene alchemistische Tradition im Sufismus, welche dem transformativen Element in der Schöpfung Ehre erweist. Dies spiegelt sich in der mystischen Bedeutung des Geheimnisses des Wortes »*Kun*« (»Sei!«) wider, welches das Mysterium des schöpferischen Aspektes Gottes, der alles Leben erschafft, ausdrückt. Es heißt, zwischen dem K und dem N von »*Kun*« liege ein ganzes Universum.

Und natürlich haben auch die schamanistischen Traditionen seit jeher die spirituellen Energien in den Pflanzen und Tieren der Erde verehrt. Alle Traditionen des Heilens haben dieses inkarnierte Licht verehrt.

Die Beziehung zwischen dem Licht des menschlichen Bewusstseins und dem Licht in der Schöpfung – zwischen der menschlichen Seele und der Seele der Welt – ist die Grundlage unserer kollektiven Evolution. Dieses Geheimnis war früher Teil unseres kollektiven Bewusstseins; unser tägliches Leben war eine Widerspiegelung dieses Dialogs. Wenn die Frauen früher Korn mahlten, sangen sie heilige Lieder und ehrten und vertieften damit die innige Beziehung zwischen Innen und Außen, zwischen den Frauen und dem Korn und dem ganzen Mysterium der Fruchtbarkeit. Die Erde, in die heilige Samen gesät werden, der Mann, der das Korn mit Ehrerbietung erntet, die Frau, die das Korn mahlt, die Familie oder der Stamm, dem das Korn als Nahrung dient, das Korn, das als Göttin erkannt ist – alle werden innerhalb dieses heiligen Austausches genährt.

Im christlichen Ritual der Kommunion, in dem es bedeutsam ist, dass Brot und Wein das wahre Fleisch und Blut Christi sind, lebt etwas von diesem Wissen um die spirituelle Wirklichkeit in der materiellen Welt weiter. Das physische Brot enthält ein spirituelles Brot, der Wein enthält einen spirituellen Wein.

Viele Jahrhunderte lang haben wir uns gemeinsam mit der Erde und mit allem, was zu ihr gehört, entwickelt; sowohl unsere Evolution als auch diejenige der Erde waren abhängig von dieser Verbindung. Doch in der heutigen Zeit ist diese Verbundenheit verlorengegangen. Das Wissen um die Magie der Schöpfung, das zu jenen Zeitaltern gehörte, ist vergessen gegangen.

In der materialistischen Gesellschaft von heute haben wir uns selbst sehr weit von der Erde und den einfachen Realitäten des Lebens entfernt. Wir haben so viele Möglichkeiten, wie wir mit der Natur in Beziehung stehen, unter unsere Kontrolle gebracht und unsere Religionen samt und sonders auf das Bild des einen transzendenten Gottes ausgerichtet, dass diese Verbindung zu den spirituellen Mysterien der Erde durchgetrennt ist.[85]

Uns ist jedoch nicht bewusst, dass diese Trennung bedeutet, dass sich das gesamte Leben nicht weiterentwickeln kann. Und auch die Menschheit kann sich, vom Ganzen getrennt, nicht weiterentwickeln. Wir können uns nur als Einheit – als ein einziges, lebendiges Ganzes, weiterentwickeln.

Der nächste Schritt in unserer kollektiven Evolution ist es, mit einem Bewusstsein, welches im Innersten des Vielen das Eine sieht, die Göttlichkeit des Lebens zu erkennen und das

ursprüngliche Wissen um die Heiligkeit des Lebens wieder-
zuerlangen.

DIE HEILIGEN NAMEN DER SCHÖPFUNG

Vor Urzeiten arbeiteten die Meister des Lichts – die Meister
der inneren Ebenen – mit der Menschheit zusammen, um die
Welt zu erwecken. Dies war die Zeit der Namensgebung, die
Zeit, als die Geschöpfe in ihrer Vielzahl zum ersten Mal einen
Namen erhielten. Durch die Macht der Namen erwachte die
Schöpfung zu ihrem höheren Zweck. Jedes Ding, das einen
Namen erhielt, jede Blume und jeder Baum, jedes Tier und
jedes Insekt wurde sich seiner wahren Natur und seinem Sinn
im Gewebe der Schöpfung bewusst. Dieses Wissen, das ganz
anders ist als das bewusste Wissen, wie wir es heute kennen,
ist eher ein instinktives, eingeborenes Wissen, das zum Geist
einer jeden Lebensform gehört. Dieses Wissen belebte die
Welt, durchdrang sie mit der Magie der Namensgebung.

Die heiligen Namen der Schöpfung wurden auch verwendet, um eine Beziehung zwischen der Menschheit und
der Schöpfung zu knüpfen. Jede Pflanze, jedes Tier auf Erden besaß einen Namen und die Menschheit wusste um diese Namen. Die Namen der Tiere beschwörten ihre Kraft, die
Namen der Pflanzen enthüllten deren heilende Eigenschaften, die Namen der Flüsse und Berge gewährleisteten, dass
die Welt in Harmonie und Gleichgewicht gehalten war. Das
Wissen der Menschheit um die Macht und den Daseinszweck
der Erde verlieh der Erde das Bewusstsein ihrer eigenen Kraft,
ihrer Magie und ihrem heiligen Sinn.

Die wahren Namen der Schöpfung zu kennen ist unglaublich machtvoll, so wie das Leben eines Menschen sich durch

die Erfahrung, in seinem wirklichen Sein erkannt zu werden, grundlegend verändern kann. In dieser Erfahrung wird etwas Tiefes und Wirkliches bestätigt und mit Energie erfüllt. Viele Urvölker sind immer noch im Besitz des Wissens um die Namen der Schöpfung, auch wenn die Namen selbst verlorengegangen sind. Die australischen Aborigines kennen die »Traumzeit« jenseits von Vergangenheit, Gegenwart und Zukunft, in der die Vorderen über das Land wanderten und die Welt ins Dasein sangen, indem sie von allem und jedem, das ihren Weg kreuzte – Tieren, Pflanzen, Felsen, Wasserlöchern – den Namen sangen.

In dieser Zeit vor dem Anfang, vor dem großen Fall, als die Erde noch unberührt war, war die Menschheit mit der Macht der Namen in Kontakt und schuf eine neue Beziehung zwischen dem Schöpfer und der Schöpfung. Es gab in dieser Beziehung zwischen der Menschheit und der Erde mit all ihren Myriaden von Geschöpfen eine reine Absicht; die Beziehung ehrte die heiligen Energien des Lebens. Die Partnerschaft hatte eine göttliche Bedeutung – sie half, das in der physischen Welt verborgene Licht wachzurufen, welches dazu diente, den höchsten Zweck zu erfüllen: des Absoluten Widerspiegelung Seiner Selbst. Und so erwachte die Magie in der Schöpfung und wurden die Samen des Bewusstseins gesät.

Aus dieser Kommunion zwischen Menschheit und Schöpfung heraus entstanden die täglichen Rituale, die dem gesamten Leben Ehre erwiesen. Die Rituale des Pflanzens und des Erntens, die Riten von Heim und Herd, Tod und Geburt, das Skandieren, Singen und Tanzen – es waren alles Weisen, die Energien in der Schöpfung zu ehren und das Licht der Seele der Menschheit mit dem Licht der Seele der Welt in Beziehung treten zu lassen.

Die Seele der Menschheit und die Seele der Welt waren miteinander verbunden und die Erde offenbarte ihre Großzügigkeit. Es war eine Kommunion, derer wir uns heute nur noch in Mythen und Schriften von damals erinnern, als Gott im Garten von Eden spazierte, bevor Adam und Eva sich vor Ihm versteckten, bevor sie wussten, dass sie nackt waren, bevor sie sich schämten.

Dies war die Zeit als Adam, der archetypische erste Mann, so wie es die Bibel erzählt, der Schöpfung ihre Namen gab und so einen heiligen Bund knüpfte. Im Koran ist dies die Zeit, als »Gott Adam die Namen lehrte«.

Dies war der Beginn des Bundes zwischen der Menschheit und der Schöpfung.

So viel wurde zu dieser Zeit gegeben. Der Schöpfer hatte so viele Weisen, wie Er Seine Schöpfung liebte, wie er Seine Schöpfung beschenkte. Durch das menschliche Herz und Bewusstsein fand diese Fülle Ausdruck im Leben und das Herz der Erde erwiderte diese.

In jener Urzeit brachten die Macht des Wortes, das Prinzips des *Logos* und die Namen der Schöpfung Licht und Bewusstsein in die Schöpfung. Es war das Erwachen der Erde: nach vielen Millionen Jahren der Unbewusstheit begann die Welt ihren Zweck als einen Ausdruck Gottes zu erkennen, und jedes geschaffene Ding wurde sich allmählich seines einzigartigen Ausdrucks der Heiligkeit bewusst:

Wie Eisvögel Feuer fangen, Libellen Lichtspur ziehn;
Wie überrand gerollt in runde Brunnen
Steine klingen; wie jede angeschlagene Seite tönt,
    jeder hängenden Glocke
Bug geschwungene Zunge findet,

> weit hinzuhallen ihren Namen;
> So tut ein jegliches sterbliche Ding
> ein Ding nur und das gleiche:
> Teilt aus seinem Sein, das in einem jeden wohnt;
> Selbstet – wird es selbst; »ich selbst«,
> so spricht es, spricht sich vor,
> Rufend: »Was ich tue, das bin ich, hierzu kam ich her.«[86]

Die Welt, erkannt, so wie sie ist, unterscheidet sich sehr von der Welt, welche unsere Wünsche und Projektionen erschaffen, die endlosen Muster unseres Verstandes und das Wiederaufwärmen unserer Erinnerungen, was wir Existenz nennen. Jene, die für einen Augenblick lang erwacht sind, einen Augenblick lang erfahren haben, was die Zen-Meister *Satori* nennen, wissen um die Einfachheit der Wahrheitserfahrung – wenn ein Schmetterling als Schmetterling gesehen wird, wenn die Süße der Pflaume wirklich gekostet wird. Es ist eine Wirklichkeit ohne jeden Vergleich oder Widerspruch, die sich uns direkt durch ihre wahre Natur mitteilt und nicht durch unseren Verstand oder unsere Psyche interpretiert wird. In solchen Augenblicken sind wir wahrhaftig lebendig. Wir träumen nicht, sondern sind wach.

Das Geheimnis und die Kraft der Namen der Schöpfung sind immer noch da; die ursprüngliche Magie, die zwischen der Welt des Lichts und der Welt der Schöpfung verwoben ist, ist noch lebendig. Die Erde ruft uns zu, um uns aufzuwecken und uns des ursprünglichen Bundes mit ihr zu erinnern. Diese Verbindung wurde nie getrennt, trotz unserer mannigfaltigen Versuche, sie zu zerstören, trotz all der Geschichten von Trennung, die wir uns selbst erzählen. Aber sie ist schwächer geworden, wie ein zarter Marienfaden, der durch einen schrecklichen Sturm hin- und hergerüttelt wird. Es ist Zeit, uns dieser Verbindung zu erinnern, diese Beziehung zu ehren, zu wissen, dass sie das einzige wahre Fundament unserer gemeinsamen Zukunft ist.

DIE KRAFT IN DER MATERIE

Das Licht in der Erde, welches die Alchemisten *Lumen Naturae* nannten, ist eine ursprüngliche Quelle von Energie und Macht, zu der die Menschheit noch nicht vollständig Zugang hat. Es gehört zu der natürlichen Beziehung zum Leben, zu der Schöpfung und ihrer heiligen Natur. Diese Energiequelle kann wieder zugänglich werden, wenn die Menschheit sich ihres Platzes im Ganzen erinnert und sich mit einem Einheitsbewusstsein mit dem ganzen Leben in Beziehung setzt. Mit einem Wissen um die Einheit und die multidimensionale Verflechtung. Ein Bewusstsein, das auf Trennung und Dualität beruht, verhindert, dass wir mit dem Licht der Erde arbeiten und die wahren Namen der Schöpfung erkennen. Wir müssen das Bewusstsein der Einheit, das auf uns wartet, einfordern.

Wenn wir uns dieser heiligen Einheit zuinnerst in der Welt bewusst werden, wird das Leben selbst erwachen, denn wir selbst sind nicht vom Ganzen getrennt. Diese Kraft im Leben wird uns nach und nach zur Verfügung stehen und wir können lernen, wie wir sie einsetzen. Sie gehört zu der magischen Natur des Lebens, zur Fähigkeit des Lebens, sich zu verändern und weiterzuentwickeln. Sie trägt die alte Weisheit der archetypischen Welt in sich, ein Wissen um die Energiemuster im Leben, die Kraftlinien in der Erde. Wenn wir mit dieser Kraft in der Erde arbeiten, können wir unser Erbe als Hüter der Erde und ihrer heiligen und geheimnisvollen Weisen wieder antreten. Wir können wieder in die tieferen Ebenen der Existenz eingeweiht werden, in die zurzeit verborgenen Weisen, wie die Energie in und um die Erde herum fließt.

Die Energiemuster in der Erde sind ein altes Geheimnis, Teil des Wissens, das wir über die Jahrhunderte hinweg verloren haben.[87] Wir haben unser Bewusstsein so sehr eingeschränkt, dass wir nur noch die äußeren Erscheinungen der materiellen Welt sehen und haben so unser Wissen um die inneren, verborgenen Dimensionen verloren. Unsere Ideen, Glaubenssätze und Haltungen haben das Lied der Erde zum Verstummen gebracht und ihr Licht ausgesperrt.

In unserem kollektiven Unbewussten ist der Glaube verankert, wir befänden uns im Krieg mit der Materie, wir müssten alles, was zur Erde gehört, überwinden oder erobern. Wir sind in den Vorstellungen über die Begrenzungen der Materie gefangen und kämpfen immer noch gegen ihre scheinbaren Einschränkungen. Unsere Haltungen und Handlungen zerstören das Leben allmählich; unsere Geschichten erzählen uns, wir seien von der Quelle getrennt. Und so sind wir in einem Zyklus der Selbstzerstörung gefangen.

Die physische Welt muss wieder mit ihrer Energiequelle verbunden werden, mit der ihr innewohnenden Lebenskraft. Die schnellste Art und Weise, wie man sich mit etwas oder jemandem verbindet, ist es, dessen wahre Natur zu erkennen. Indem die Menschheit die Heiligkeit des Lebens anerkennt – die Göttlichkeit alles Irdischen – und durch unsere Verehrung, kann das Bewusstsein unseres Lichts mit dem Licht in der Materie in Beziehung treten. Das höchste Prinzip in der Schöpfung kann wieder erwachen und die Energie befreien, die dort wartet. Diese Energie, die aus dem Urgrund der Schöpfung kommt, kann die Erde und die Psyche der

Menschheit heilen. Sie wird die Einheit und das geteilte Sein der gesamten Schöpfung offenbaren, wie es in der buddhistischen Mahayana Tradition im numinosen Bild von *Indras Netz* Ausdruck findet:

> Hier wird das Universum als ein unendliches Netz betrachtet; wo sich die Fäden kreuzen, befindet sich eine klar schimmernde Perle, die reflektiert und selbst in einem unendlichen Muster aus Reflektionen von anderen Perlen widergespiegelt wird. Jede dieser Perlen ist ein individuelles Bewusstsein – sei es das eines menschlichen Wesens, eines Tieres, einer Pflanze, einer Zelle oder eines Atoms – weshalb eine Veränderung in einer Perle, wie klein sie auch immer sein mag, eine Veränderung in allen anderen Perlen hervorruft, von denen jede sowohl einzigartig ist als auch dem Ganzen gehorcht.[88]

Wenn die Materie sich auf ihre wahre Natur ausrichtet, beginnt sie mit einer höheren Frequenz zu vibrieren. Sie beginnt zu singen. Dieses Lied ist eine der Weisen, wie sie sich selbst heilen wird. Gesang war schon seit jeher eine magische Form des Heilens und das Lied der Welt hat immense Macht. Es umfasst die Erinnerung und das Bewusstsein und die Feier aller Namen der Schöpfung. Dieses Lied weiß um den Namen Gottes und singt von Ihm in jedem Blatt und jedem See und jedem Menschen.

Das Lied der Welt gehört zu der ursprünglichen Natur all dessen, was ist. Es ist die Heiligkeit des Lebens, die sich selbst ausdrückt, sich ihres Ursprungs erinnernd. Doch wir müssen hinhorchen und dieses Lied vernehmen. Wir müssen es feiern. Das Wissen unserer Vorfahren, dass alles, was sie sehen konnten, heilig war, war nicht etwas, das einem gelehrt wurde, sondern etwas, das man zutiefst und instinktiv vernahm.

Das Heilige ist noch nicht einmal religiös oder gar spirituell. Es ist keine Eigenschaft, die wir lernen oder entwickeln müssen. Wir tragen alle in uns ein Gefühl für das Heilige, ein Gefühl von Verehrung, wie auch immer wir es nennen mögen. Es ist so natürlich wie Sonnenlicht, es ist so notwendig wie Atmen. Es gehört zu unserer Verbindung mit dem ursprünglichen Adam.

Wir alle tragen dieses ursprüngliche Wissen in unserem Bewusstsein, auch wenn wir das vergessen haben. Es ist eine grundlegende Anerkennung des Wunders, der Schönheit und der göttlichen Natur der Welt. Wenn wir ahnen, dass unsere Welt nicht bloß eine physische, mechanistische oder zufallsbedingte Realität ist, sondern dass in und um sie herum ein tieferes Mysterium liegt, dann spüren wir die heilige Natur der Schöpfung; wir hören ihr ursprüngliches Lied. Wenn wir uns des Heiligen erinnern, werden wir uns in einer Welt wiederfinden, die so ganz ist, wie sie heilig ist. Wie auch immer wir dieses Mysterium nennen, es durchdringt die gesamte Schöpfung. Es mag sein, dass es an einigen Orten leichter zu spüren ist, in alten Hainen, unter sternenerfüllten Himmeln, in Tempeln oder Kathedralen, in Musikakkorden. Doch es ist ein Geheimnis, das zu allem gehört, was existiert – es gibt nichts, was davon getrennt ist. So feiert es die Einheit, die in uns ist und uns umgibt, die Einheit, der wir zugehörig sind. Unser Gefühl für das Heilige ist eine Anerkennung, dass wir Teil eines tieferen, allumfassenden Geheimnisses sind.

Sobald wir unserem Bewusstsein erlauben, mit diesem großen Mysterium in Berührung zu kommen, werden wir erfahren, dass das Leben so zu uns spricht, wie es zu unseren Vorfahren gesprochen hat. Es wird uns daran erinnern, wie wir in Harmonie mit der Schöpfung leben und wie wir die Harmonie, die dem Leben innewohnt, wiederherstellen. Und es wird uns die Energie und die Kraft und das Wissen geben, die wir brauchen, um unsere verwundete Welt zu heilen und zu erlösen. Es wird uns helfen, aus dem Alptraum des Materialismus auszubrechen, der uns erwürgt. So können wir gemeinsam mit der Erde eine Geschichte wahrer globaler Transformation ins Leben rufen.

VON AUGENBLICK ZU AUGENBLICK

Die Transformation der Welt ist eine Wissenschaft. Genauso wie die spirituelle Transformation eines Menschen einem präzisen und sorgfältigen Prozess folgen muss, so folgt auch diese globale Evolution einer spezifischen Anleitung. Zum Beispiel gibt es spezifische Weisen, mit der Energie in der Schöpfung zu arbeiten. Und auch eine Wissenschaft, die beschreibt, wie sich die Widerspiegelung des Lichts vom Innern zum Außen vollzieht. Dieses Wissen ist Teil unseres Erbes, auch wenn es zu bestimmten Zeiten vor uns verborgen ist. Ibn ʿArabī beschreibt dieses Mysterium wie folgt:

> Gott legte in den Menschen die Kenntnis aller Dinge; dann hielt Er ihn davon ab, wahrzunehmen, was Er in ihn gelegt hatte ... niemand weiß, was er in sich trägt, bis es ihm nicht von Augenblick zu Augenblick enthüllt wird.[89]

Es gibt in uns einen dynamischen Bauplan, wie das Leben wirklich ist – wie die inneren Welten mit den äußeren in Verbindung stehen und wie die Menschen zwischen diesen

Dimensionen vermitteln. Dieser Plan steht in Übereinstimmung mit spezifischen Gesetzen, welche die indigenen Traditionen als die »ursprünglichen Anweisungen« kennen. Diese Gesetze sind die spirituellen Leitprinzipien der Menschheit und aller Lebensformen auf dem Planeten. Sie sind Teil der Zellstruktur der Schöpfung, Teil ihrer DNA.

Es ist die Aufgabe der Mystiker, Teil dieser Transformation zu sein, das spirituelle Bewusstsein beizusteuern, wenn das Leben beginnt, sich selbst zu erkennen und sein heiliges Lied zu singen. Dieser Klang des göttlichen Bewusstseins ist ein Katalysator für den nächsten Zyklus der Offenbarung. Wir kehren dabei nicht zum eingeborenen Bewusstsein unserer Vorfahren zurück, oder zu einem reinen transzendenten Bewusstsein zurück, sondern *wir kombinieren die beiden, oben und unten.* Wir müssen uns das Wissen um die spirituellen Dimensionen der Schöpfung wieder aneignen, um die lebendige Einheit, von der Perspektive des individualisierten Bewusstseins, das wir uns während der letzten Ära erworben haben. Bewusstsein ist die entscheidende Zutat im Transformationsprozess, und es ist die Verbindung des Lichtes des individuellen Bewusstseins und des Lichtes in der Erde, die helfen wird, die Welt und die Menschheit in den nächsten Zyklus unserer gemeinsamen Evolution zu führen.

Doch wird dies nicht einfach sein. Kollektiv hat die Menschheit gewaltige Hindernisse vor das bewusste Gewahrwerden der Heiligkeit des Lebens aufgebaut. Wir haben zugelassen, dass uns Trennung und Isolation und das Konzept, dass Materie »tot« ist, abschirmen vom Wissen um die Urgründe des Lebens, wo die Einheit darauf wartet, ihre Magie zu vollbringen, wo die archetypischen Energien auf unsere bewusste Mitwirkung warten.

Spirituelle Suchende haben leider in diese kollektiven Einstellungen die Energie eines Strebens eingewoben, das auf ihre eigene Zufriedenheit, ihr eigenes »Erwachen« fokussiert, und dabei haben sie die große Dimension des Ganzen vergessen oder nicht ernst genommen. Einige Suchende haben sich traditionsgemäß vom Leben abgewendet, während andere sich in den letzten Jahren in den Illusionen der Selbstentwicklung verfangen haben. Viele Suchende werden es als Verlust erleben, wenn wir unsere Sehnsucht dem Leben schenken, indem wir anerkennen, wenn dieses Teil eines lebendigen Ganzen ist, es einen wirklichen Sinn für die Transformation gibt. Sie haben das Wunder des Augenblicks im Garten vergessen, des Spinnennetzes, das sich in einem Sonnenstrahl verfängt, des Taus, der im Licht glitzert.

Viele von uns werden hart daran arbeiten müssen, vergangene Einstellungen abzulegen und unsere Aufmerksamkeit auf die göttliche Schönheit und Gegenwart zu richten, die sich von Augenblick zu Augenblick offenbart. So viel müssen wir aufgeben, um zu einer reinen Absicht zurückzukehren, zu diesem Augenblick, in dem das Leben einfach und heilig ist.

Doch wenn wir uns der göttlichen Gegenwart immer bewusster werden, wird sich unser Bewusstsein wieder mit der ursprünglichen Struktur des Lebens verbinden, um die unsere Vorfahren instinktiv wussten.[90] Sobald diese Verbindung geknüpft ist, lassen wir uns in die Urgründe der Erde ein und arbeiten dort mit ihren Energien. »*Visita interiora terrae*«, sagten die Alchemisten: »Statte dem Inneren der Erde einen Besuch ab.«

Die Mysterien der Zukunft liegen ganz und gar in der Wiederverbindung mit der lebendigen Erde, die es ermöglicht, Geist und Materie auf neue Weise zu verknüpfen. Dann werden wir erkennen, dass Oben und Unten eins sind, und der Magie und des Wunders im Leben bewusst werden. Wir werden Zugang zum Wissen von Adam, dem ersten Menschen haben, das Wissen um die Namen der Schöpfung, das zu den göttlichen »Geheimnissen des Himmels und der Erde« gehört. Und dieses Wiedererwachen wird uns ein neues Verständnis für diese Geheimnisse geben, einen neuen Zyklus göttlicher Enthüllung begründen.

Es ist Teil unseres Erbes, den wahren Zweck der geschaffenen Welt zu erkennen; es ist der Faden der Vergangenheit, der benötigt wird, um den Bilderteppich der Zukunft zu weben. Doch diese Arbeit der Ko-Kreation wird nicht einfach sein. Es gibt Kräfte, die dagegen arbeiten – Muster der Dunkelheit, die wir unwissentlich geschaffen haben. Diese Dunkelheit bedeckt nach und nach die Welt und trennt uns ab von der Quelle und den Energien in der Schöpfung und auch vom Licht unseres eigenen höheren Bewusstseins. Sie verwehrt uns die Möglichkeit wahrer Transformation, die Möglichkeit, das nächste Kapitel der Geschichte der Welt, der Offenbarung des Absoluten zu schreiben. Wenn wir mit dem Licht des Göttlichen arbeiten wollen, müssen wir auch die Schleier der Dunkelheit erkennen und respektieren.

Aus Liebe zum Wirklichen

7

SCHLEIER DES LICHTS,
SCHLEIER DER DUNKELHEIT

Dunkelheit ist deine Kerze.
Rūmī

Gegenwärtig ist wohl eine der wichtigsten spirituellen Aufgaben, mit dem Licht in der Schöpfung, dem *Lumen Naturae*, zu arbeiten. Doch um diese Beziehung von Licht zu Licht, von Seele zu Weltseele zu entwickeln, braucht es mehr als einfach die Absicht, heiliges Gehen zu praktizieren oder Momente von Einssein mit der Natur zu zelebrieren. Dies sind wichtige Elemente, doch müssen wir mehr als das verstehen und erfahren.

Wir müssen insbesondere lernen zu verstehen, wie unsere Beziehung zum Licht in der Schöpfung die Illusionen der Welt, die Schleier, die uns von der direkten Erfahrung des Lebens trennen, beeinflusst und von diesen beeinflusst wird. Diese Schleier existieren. Einige von ihnen sind Teil der natürlichen Ordnung der Schöpfung und dienen letztlich dazu, das Absolute zu enthüllen. Doch andere Schleier verzerren das Absolute und sie sind derart gestaltet, die Menschheit davon abzuhalten, etwas Wirkliches zu erfahren und sie weiter abzulenken. Viele dieser Schleier wurden in den letzten Jahren geschaffen und sie bedecken die Welt mit Dunkelheit. Zu viele von uns sind naiv, wenn es um den spirituellen Pfad geht. Wir sind uns des Ausmaßes der Dunkelheit, welche die Wahrheit verbirgt, nicht bewusst. Doch es nützt nichts, blind zu sein für die spirituellen Realitäten unserer heutigen Zeit. Wir müssen anerkennen, dass die Schöpfung nicht nur unsere spirituelle, sondern auch unsere physische Aufmerksamkeit braucht, dass wir für die Seele der Welt genauso wie für den Boden sorgen müssen. Und wir müssen uns bewusstmachen, was diese Beziehung behindert.

Viele spirituelle Traditionen erkennen die Existenz von Schleiern an, welche das Licht der Wahrheit und unsere eigene göttliche Natur vor uns verbergen. Diese Schleier gehören zum Tanz des Lebens – dem Versteckspiel des Geliebten in der Schöpfung. Wir sind gefangen in den Illusionen des Lebens, sind Gefangene unserer Wünsche, unserer Ego-Identität und des Gefühls, ein getrenntes Selbst zu haben. Ein großer Teil der herkömmlichen Arbeit auf dem spirituellen Pfad ist es, unsere Wünsche aufzugeben, die Illusion und Trennung, welche das Ego erfährt, aufzulösen oder niederzubrennen und den Faden der Wahrheit in unserem Herzen und im Leben zu finden. Jeder Pfad verfolgt seine eigenen Methoden, um hinter den Traum der Erscheinungen des Lebens zu schauen. So gab Buddha in den Diamant-Sutren die Anweisung:

> So sage ich euch – Auf diese Weise sollt ihr über diese
> ganze flüchtige Welt denken:
> Ein Stern in der Morgendämmerung,
> eine Blase in einem Strom;
> Ein leuchtender Blitz in einer Sommerwolke
> Eine flackernde Lampe, ein Gespinst oder ein Traum.

Bis die Schleier sich lüften, haben wir keine Kenntnis davon, was in dieser »flüchtigen Welt« wirklich ist. In unserer Erfahrung des Lebens gibt es nur wenig Wirkliches.

Doch die Suchenden können die Schleier, die sie von der Wahrheit trennen, nicht umgehen. Diese Schleier sind zwar eine Ablenkung, aber sie sind auch ein Schutz. Existierten sie nicht, würden die Suchenden augenblicklich vom Licht des Absoluten verbrannt:

> Gott besitzt siebzigtausend Schleier von Licht und siebzigtausend Schleier von Dunkelheit. Wären sie gelüftet, würde die Herrlichkeit Seines Antlitzes alles verbrennen, was Er von Seinen Geschöpfen zu Gesicht bekäme.[91]

Traditionsgemäß lassen die Suchenden sich auf die Schleier ein und bewegen sich nach und nach durch sie hindurch. Dieser Prozess ist gut dokumentiert. Die Stadien auf dem Pfad lassen sich mit den Ochsen-Bildern im Zen beschreiben, mit den Stadien des Gebets, wie sie von der Heiligen Teresa von Avila dargelegt wurden, oder mit den sieben Tälern der Reise der Seele, der Parabel von der Suche in Attārs *Konferenz der Vögel*. Jedes Stadium ist Teil einer sich entfaltenden Offenbarung, die den Suchenden näher und näher an die Wahrheit heranführt.

Die Schleier der Illusion mögen verführerisch sein oder furchteinflößend, doch es liegt in ihrer Natur, auf die Wahrheit hinter den Erscheinungen zu verweisen. So schreibt Rūmī, dass »eine Frau Gott sei, der durch subtile Schleier hindurchscheine«[92]. Und Jāmī erzählt die Geschichte von Zulaikha, die sich in das Bild des göttlichen Liebhabers in Form von Yūsuf verliebt. Anfangs zieht sie seine unvergleichliche Form in Bann und sie nimmt die »darunterliegende Realität nicht wahr«. Die wahre Schönheit ist »hinter dem Schleier des Geheimnisses verborgen«. Es ist das Ziel ihrer Reise, die Quelle dieser Schönheit zu finden, statt ihre Widerspiegelung im Tanz der Formen. Jāmī rät: »Jetzt, wo du die Widerspiegelung gesehen hast, beeile dich, die Quelle aufzusuchen ... Die Widerspiegelung ist so flüchtig wie die Blüte einer Rose: wenn du Beständigkeit willst, wende dich der Quelle zu.«[93] Diese Schleier gehören zum großen göttlichen Schauspiel. Wie Ibn ʿArabī sagt: »Wir sind von Dir nur durch Dich verhüllt.«

Doch die Schleier in der Schöpfung haben auch eine magische Numinosität, die uns bezaubern, »uns in Versuchung führen« soll. Diese Magie gehört zum heiligen Weiblichen, das uns ins Leben hineinnimmt, in eine Erscheinung nach der anderen. Das heilige Weibliche ist sowohl Verführerin als auch Lehrerin.

Einerseits dürfen die Suchenden nicht an die Illusionen des Lebens glauben, denn sonst sind sie gefangen. Und doch ist das Leben lebendig – erschaffen durch das Absolute um das Absolute zu enthüllen – und seine Illusionen können uns nach innen zur Quelle bringen. »Greife nach dem Äußeren, auch wenn es dir betrügerisch entflieht!«, schrieb Rūmī; »Am Ende wird dich das Äußere nach innen führen.«[94]

Die Sufis sprechen über die Welt der Formen als »sekundäre Ursachen«. Diese werden als äußere Formen innerer Realitäten verstanden. Für jene, die nur an die äußere Welt glauben, sind diese Formen Schleier von Illusionen, die uns in einem endlosen Labyrinth von Anhaftung und Wünschen gefangen halten. Doch für jene, welche die äußere Welt als »sekundäre Ursache« verstehen, sind diese Illusionen ein Pfad durch den Irrgarten der Erscheinungen – sie sind Wegsteine zur Wirklichkeit.

In einer lebendigen Tradition weist deshalb ein spiritueller Lehrer auf eine bestimmte Illusion hin, beleuchtet diese und hilft dabei, den Suchenden durch das Labyrinth zu führen. Wie in der Geschichte von Zulaikha, deren Hingezogenheit zu Yūsuf sie schließlich von ihrer Verliebtheit in die Welt der Formen befreite, so lässt sich die Suchende vielleicht noch tiefer auf die Energien des Lebens ein, so dass das Leben selbst zum Pfad wird. »Der äußere Lehrer weist auf den inneren Lehrer und der größte Lehrer ist das Leben selbst.« Die Illusionen des Lebens locken uns, und wir verstricken uns vielleicht darin, doch mit der richtigen Haltung und dem leitenden Licht des Selbst, bewegt sich der Suchende durch diese Erfahrungen, ohne sich darin zu verlieren. Die Schleier der Täuschung werden nach und nach zu Schleiern der Enthüllung.

Doch heute wirkt noch eine andere Art von Schleiern – Schleier, die nicht der Enthüllung dienen, sondern der Verzerrung. Diese Schleier halten den Suchenden davon ab, das Wirkliche zu erkennen und verhindern jegliche Möglichkeit kollektiver Transformation.

DIE SCHLEIER DER VERZERRUNG

In der westlichen Kultur und auch global ist etwas sehr Seltsames geschehen, das nur unserer Zeit eigen ist. Wir haben Schleier geschaffen, die nicht zum Leben gehören. Es sind keine Schleier, die uns zur Wahrheit führen. Es sind Schleier der Verzerrung, welche die Wahrheit bedecken und die Form verändern, sogar während wir versuchen, durch sie hindurchzusehen.

Bei diesen Schleiern findet keine Enthüllung statt, sondern immer mehr Verzerrung. Es sind Schleier, welche dem Leben seine heilige Natur abstreiten und uns mehr und mehr abzulenken versuchen.

Diese Schleier existieren in einer verworrenen, dazwischenliegenden Traumwelt, welche die Menschheit geschaffen hat. Diese imaginäre Welt hat das kollektive Unbewusste infiltriert und nährt sich von unserem Licht. Es hat mit Materialismus und dem Irrglauben zu tun, dass die Anhäufung von materiellen Dingen Sinn schafft. Es hat mit unserer Gier zu tun und der Gier globaler Unternehmen. Doch wäre es nicht richtig, nur der Gier die Schuld zu geben. Es sind unglaublich dunkle Kräfte am Werk, welche die Macht der Gier nutzen, um die Illusionen unseres Zeitalters aufrechtzuerhalten.

Für die Suchenden ist es wichtig, zwischen diesen beiden Arten von Schleiern zu unterscheiden – die Schleier, welche uns zur Wahrheit führen können und die Schleier der Verzerrung, die wir selber geschaffen haben. Diese Schleier, welche heute fast die ganze Welt bedecken, sind nicht die Schleier Gottes. Sie gehören nicht zu der natürlichen Ordnung der Schöpfung, sondern zu unserer computergenerierten Kultur.

Diese Schleier verzerren fast alles, was wir sehen und auch was wir fühlen, dadurch, dass sie bestimmen, was wir wollen und was wir zu brauchen meinen. Sie bedienen sich unserer Zielvorstellungen und Glaubenssätze und sie sind so konzipiert, dass wir garantiert nie frei werden. Sie dienen dazu, dass der Einzelne in einem Gewirr aus nie endenden Wünschen und verzerrten Ideologien kreist und eingesperrt bleibt, ohne es überhaupt zu merken.

In der zeitgenössischen Spiritualität ist es außerordentlich schwierig, den eigenen inneren Prinzipien treu zu bleiben, der einfachen Sehnsucht nach der Wahrheit, denn jede Energie oder Gnade, welche dem Suchenden gegeben wird, um auf seinem Pfad voranzukommen, nährt allzu schnell die kollektiven Illusionen des Lebens, die sich in der Psyche eingenistet haben. Die einfache, direkte Wahrnehmung, die zur Seele oder zum Selbst gehört, ist fast nicht mehr zugänglich. Und ohne direkte Wahrnehmung kann man nicht wissen, wo man ist, wohin man geht oder auch nur, wohin man gehen will.

Die meisten Suchenden sind sich nicht bewusst, dass die inneren Welten mit der gleichen Dunkelheit erfüllt sind, die auch unsere materielle Gesellschaft durchdringt. Die Schleier arbeiten mit beiden Welten, weben diese zusammen und verstärken so die Verzerrungen. Äußere Verlangen und Täuschungen, Ausrichtung auf Eigeninteressen und Verstrickungsmuster sind die Widerspiegelung von Kräften und Täuschungen auf den inneren Ebenen. Heute werden Suchende, die sich traditionsgemäß auf der Suche nach der Wahrheit nach innen wenden, dort denselben Schleiern begegnen, die auch die äußere Welt bedecken.

Diese Schleier benehmen sich sehr seltsam. Es ist, als wären sie lebendig. Wenn man versucht, durch sie hindurchzuschauen, gezielt dahinter zu blicken, können sie sich zu verändern beginnen und sich in andere Schleier verwandeln. Die Illusionen werden dann noch raffinierter, noch ausgeklügelter. Die Ursache liegt im Zusammenspiel der Illusionen der Welt und dem menschlichen Bewusstsein. So wie die Werbung immer raffinierter geworden ist und sich aller möglichen Werkzeuge bedient, um uns dazu zu bringen, Kram zu kaufen, den wir nicht brauchen, so ist auch dieses Netz der Illusionen zunehmend kraftvoller und raffinierter geworden.

Dieser Prozess des Verschleierns hat sich in den letzten Jahren beschleunigt. Wie Computerspiele, die unsere Denkmuster verändern, um uns süchtiger zu machen, wirken diese

Schleier in einer Weise auf uns, die wir nicht verstehen. Es herrscht solch eine Dunkelheit, dass wir nicht wissen, wo wir sind und wichtiger noch, dass wir nicht einmal wissen, dass wir es nicht wissen.

Weil das Licht so abgeschirmt ist, können wir Menschen nicht einmal ansatzweise dafür Verantwortung zu übernehmen beginnen, was wir der Erde und einander und dem, was im Leben heilig ist, angetan haben. Wir sehen nicht, dass unsere Lebensweise zu einer Zivilisation beiträgt, die pausenlos alles, was wirklich ist, untergräbt.

Die Schleier der Verzerrung wirken nicht nur zusammen mit unserem Bewusstsein, sie haben auch einen bedeutsamen Einfluss auf die Energien der Erde. Statt dass die täglichen Rituale Licht und Harmonie in die Schöpfung bringen, wie sie dies in der Vergangenheit getan haben, trägt unsere Lebensweise zu einem wachsenden Ungleichgewicht und zu Zerfall bei. Auf die gleiche Weise wie unser eigenes individuelles Unbewusste und negative Kräfte in unserer Psyche mit den Energien in unserem Körper zusammenwirken können, so dass sie uns nicht gesund werden lassen oder sogar Krankheit schaffen, so wirken diese Schleier in Verbindung mit unserer Lebensweise, um die Welt mehr und mehr aus dem Gleichgewicht zu bringen, sie zunehmend krank zu machen.

Das ist ein extrem gefährliches Zusammenspiel, das nicht nur der Menschheit Schaden zufügt, sondern dem ganzen Leben. Es verhindert unsere kollektive Evolution und untergräbt das Transformationspotential unseres Zeitalters.

DIE DUNKLE SEITE DER SCHÖPFUNG

Das Leben ist lebendiger, als die meisten von uns wissen. Es gibt Energien in der Erde, die erwachen oder einschlafen, die lebendig werden oder entschwinden. Das Leben hat seine eigenen Zyklen von Schöpfung und Zerstörung. Die Schamanen haben es seit jeher verstanden, mit den Strömen des Lebens zu arbeiten, mit den tiefliegenden Energiemustern des Lebens, so wie es auch eingeborene Traditionen und die alten Taoisten taten.

Der berühmte Taoist Chuang Tzu erzählt die Parabel eines Holzschnitzers, die aufzeigt, wie man auf einfache Weise mit den Energien in der materiellen Welt arbeiten kann. In der Parabel beschreibt Khing, der große Holzschnitzer, wie er einen schönen Glockenständer anfertigte:

Meine eigene gedankliche Sammlung
traf auf das verborgene Potential im Holz,
Aus dieser lebendigen Begegnung entstand das Werk,
welches du den Geistern zuschreibst.

Früher wusste man, wie es sich mit der eigenen Aufmerksamkeit und den Energien der Bäume, Pflanzen und Flüsse arbeiten ließ. Die moderne Physik macht zwar die Menschheit wieder mit dem Wissen um die gegenseitige Durchdringung von Bewusstsein und Materie vertraut, doch muss dieses Wissen erst noch Eingang ins kollektive Bewusstsein finden. Wir haben die der Erde innewohnenden Kräfte vergessen, und dieses Vergessen – und wie wir als Folge davon die Erde behandeln – hat schwerwiegende Konsequenzen gezeigt. Unsere Denkweise hat uns nicht nur die Sicht auf diese Kräfte in der Schöpfung vernebelt, sondern uns auch dazu gebracht, diese Kräfte abzulehnen und sie zu missbrauchen. So wie unsere persönlichen Neurosen den Körper und unsere Lebenskraft unterdrücken und uns Schaden zufügen können, so hat auch das gegenwärtige Krankheitsbild des Kollektivs schädliche Auswirkungen auf das Leben als Ganzes. Die Umweltzerstörung, die wir heute erleben – das Artensterben, die Luftverschmutzung und die Verschmutzung von Land und Wasser – ist ein Symptom dieses Krankheitsbildes.

Heute haben sich viele dieser Kräfte in der Schöpfung, diese Energieflüsse, zurückgezogen und wenden sich auf die gleiche Weise gegen sich selbst, wie sich auch gesunde Zellen in Krebszellen wandeln können und in der Folge dahingehend wirken, die Lebensenergie des Körpers zu zerstören. So wie im Bild des *Ouroboros*, der Schlange, die in ihren eigenen Schwanz beißt, geht das Leben weiter, kreist und kreist, doch nichts wirklich Neues wird je geboren – nur ist es jetzt sogar so, dass dieser den Urgründen des Lebens innewohnende, allesverschlingende Aspekt mehr und mehr Kraft bekommt und das Leben selbst untergräbt.

Das unheilvolle Zusammenspiel zwischen unseren kollektiven Einstellungen über das Leben und den Energien des Lebens selbst hat eine besonders destruktive Matrix der Dunkelheit geschaffen, eine dunkle Magie, welche das Licht der Wahrheit verdeckt und alles Heilige verzerrt. Statt dass die Energien von der inneren Welt in die Schöpfung hineinfließen und das Leben auf diesem Planeten nähren, werden sie von diesem Gespinst der Dunkelheit an sich gezogen, und dann dazu benutzt, das Leben zu zerstören. Sogar das Licht unseres Bewusstseins – unser kostbarstes Geschenk – wird eingesetzt, um Technologien zu erschaffen, die das Leben auf einer fundamentalen Ebene verzerren, statt die Seele zu nähren. Diese Verdunkelung hat die meisten von uns blind gemacht oder lässt uns im Dunkeln herumstolpern.

Doch die Mystiker verstehen es, im Dunkeln zu sehen.

Mystiker sind mit der Dunkelheit vertraut. Der Beginn der mystischen Reise steht oft eine Konfrontation mit der Dunkelheit des eigenen persönlichen Schattens, der zurückgestoßenen und nicht anerkannten Aspekte der eigenen Psyche. Dann kann der Weg uns weiter in die Dunkelheit der inneren Welten der Göttin führen, in die Tiefen des Instinkts, wo die Transformation stattfindet. Diese Reise ist ein Abstieg, sie führt vom Licht des bewussten Selbst weg, in die innere Welt, wo die Samen des neuen Wachstums im Dunkeln keimen.

In diesem Stadium der Reise träumt eine Suchende vielleicht, sie sei in Höhlen oder Tunneln unter der Erde verloren oder steige in die Tiefen des Ozeans, wo es kein Licht gibt. Von diesen Urgefilden aus wandelt sich der ganze Mensch – das Bewusstsein webt sich wieder in die instinktive Natur ein, so dass das Licht der Seele neue Wege findet, sich selbst durch das verkörperte Leben auszudrücken. In der Alchemie ist dies die kostbare Perle, die man in den Tiefen des Ozeans findet.

Und die Mystikerin kann sogar noch weitergehen, in die Dunkelheit des Unbekannten und die unerkennbaren Aspekte des Göttlichen. Dies ist die *Via negativa*, welche in »die dunkle Stille führt, in der alle Liebenden sich selbst verlieren«.[95] Jenseits der Sicherheit des bewussten Selbst gibt es Dimensionen, die nur jene kennen, die sich ganz der auflösenden Kraft der Liebe hingegeben haben, jene, die in den weiten Ozeanen des Nicht-Seins ertrunken sind.

In solchen Dimensionen der Dunkelheit ist die Suchende verloren, ihr Geist verwirrt. Hier wird sie darin geschult, jenseits von Rationalität und Verstand zu arbeiten, sogar ohne das Bedürfnis zu wissen, was sie tut. Sie hat sich der Leere überlassen und benötigt nur das Licht ihres eigenen Strebens und ihre Bereitschaft zu dienen.

Die Fähigkeit, in den Tiefen unserer Instinkte und in der Dunkelheit des Nichtwissens wach zu sein, ist ein Schlüssel, um in der heutigen Zeit mit der Seele der Welt zu arbeiten.

Doch während wir gemeinsam am Abgrund der kollektiven Selbstzerstörung mit unbekannten Konsequenzen stehen,[96] müssen wir fähig sein, unsere Ängste und unsere Trauer, über das, was wir getan haben, zu konfrontieren. Nur mit einem offenen Herzen und echtem Gewahrsein können wir beginnen, wieder mit den Energien in der Schöpfung zu arbeiten. Nur dann können wir das Licht unseres Bewusstseins in die Dunkelheit bringen, der wir erlaubt haben, uns zu verschlingen.[97]

Zum heutigen Zeitpunkt ist die Dunkelheit des Lebens tatsächlich gegenwärtiger, zugänglicher und verfügbarer als das Licht, welches verdeckter und verborgener ist.[98] Das Licht unseres Bewusstseins ist auch durch die immerfort wechselnden Schleier, die das Leben verzerren, manipuliert worden. Wenn wir, wie gesagt, versuchen, uns auf diese Schleier einzulassen, so wandeln sich diese und nehmen uns auf neue Weise gefangen.[99]

Doch sind diese Schleier, so verzerrt sie auch sein mögen, ebenfalls Teil der Schöpfung, entstanden aus einer Mischung von Licht und Dunkelheit, und darum findet sich auch in ihnen die Energie der Göttin, die den Urgrund bildet. Und das Leben enthält immer ein Samenkorn Wahrheit.

Im Leben gibt es immer Zeichen, die gedeutet werden können.

Alle natürlichen Dinge – die lebensspendenden genauso wie die lebensraubenden, die schöpferischen und die destruktiven – sind Tore zum Absoluten.

Um das Leben auf Erden zu erlösen, um uns der Wahrheit im Dasein gewahr zu werden, müssen wir uns daran erinnern, dass das Leben lebendig ist, dass sogar während wir den Planeten zu kontrollieren und zu beherrschen versuchen, etwas Tiefes und Verborgenes immer noch mit uns in Beziehung steht. Wir können sie anrufen, diese verborgenen weiblichen Kräfte, mit ihrer Macht zu erschaffen und zu zerstören. Die Göttin verschleiert und entschleiert; ihre Macht kann helfen, die Illusionen zu verändern, die das Licht und das Lebensblut der Menschheit und die Ressourcen des Planeten aussaugen. Es gibt eine machtvolle Magie, die helfen kann, diesen Prozess umzukehren, sie ist genau da, in der uranfänglichen Welt, wo sie gehalten und bewacht wird.

Suchende können auf diesen inneren Ebenen arbeiten, sie können Zugang finden zu den Ebenen des Lichts und der Menschheit von diesen inneren Welten aus helfen. Doch wenn irgendeine äußere Veränderung stattfinden soll, wenn für das ganze Leben Transformation möglich sein soll, wird dies nur mit der Hilfe und der Macht der Göttin geschehen, der Hüterin der Erde und all ihrer Bewohner.

In ihren Händen hält sie feines, aus Wahrheit gesponnenes Garn, lässt es durch ihre Finger gleiten, wie eine geübte Spinnerin die Wolle. Wenn wir uns ihr nähern und sie ehren, wird sie uns das Ende ihres magischen Garns geben, und wir können ihm wie Theseus aus dem Labyrinth heraus nach Hause folgen.

Wie tun wir diese Arbeit? Der erste Schritt ist es, die Göttin in ihrer Schönheit und Dunkelheit zu erkennen, die Macht ihrer Magie, ihre verzückenden Illusionen. Die Urkraft der Schöpfung ist in all ihren Formen gegenwärtig, in der Schönheit des Sonnenaufgangs genauso wie in der schrecklichen Dunkelheit des Materialismus.

Wir können Verantwortung dafür übernehmen, wie in unserem eigenen Leben Licht und Dunkelheit aufeinandertreffen, wie Instinkt und Bewusstsein zusammenarbeiten. Wir können anerkennen, dass das, was wir überall um uns herum sehen – die Zerstörung des Ökosystems, unsere Sucht nach materiellem Reichtum, die Vergiftung unseres Essens – komplexe innere Dynamiken und unser Vergessen über die Jahrtausende widerspiegelt.

Wir können ungeschönt unseren eigenen Materialismus anschauen, uns selber fragen, warum wir unsere Sehnsucht nach Sinn und unser Bedürfnis, geliebt zu werden auf das Streben nach mehr und mehr *Kram* projiziert haben. Wir können anerkennen, wie der abgrundtiefe und absurde Hass auf unseren eigenen Körper und unsere Angst, von der Natur verführt zu werden, jegliches Gefühl, in Harmonie mit unserer Welt zu sein, untergraben haben.

Und wir können darüber lachen, wie unser Drang nach Freiheit uns alle eingesperrt hat – wie das, was wir alle wirklich brauchen, genau das ist, was wir zurückgewiesen haben.

Dem spirituellen Leben fehlt es nie an Ironie und Sinn für Humor. Der Weg durch die Dunkelheit dieser Zeiten ist es nicht allein, nach Licht Ausschau zu halten, sondern auch die der Dunkelheit innewohnende Schönheit zu erkennen. Zu sehen, wie diese Dunkelheit auf unsere eigene Kraft verweist, wie sie uns Gelegenheit gibt, zu wählen, zu wachsen und Verantwortung zu übernehmen.

Wir haben das Leben zum Objekt gemacht und uns in Konsum und Konsumdenken verloren – dies bedarf dringlichst unserer Aufmerksamkeit. Die Göttin hat uns verhext und umgarnt, sie hat uns verführt und unser Licht verschlungen, doch waren wir allzu bereitwillige Opfer.[100] Wie Edmund in C.S. Lewis *Der Löwe, die Hexe und der Schrank*, der von der Weißen Hexe mit einer verzauberten Schachtel Süßigkeiten verführt wird, haben wir zugelassen, dass dies alles geschieht.

Es gibt einen Weg, die Geschichte der Dunkelheit, die Geschichte unserer Verführung und unseres Verrates zu lesen, um das zu finden, was wirklich ist. Dieser Schritt erfordert von uns Demut. Und wir brauchen die Magie der Göttin – die Schönheit und die Macht, die von den inneren archetypischen Welten kommen, von den Energien, die den Namen der Schöpfung zugehören. Wenn es möglich sein soll »die Geschichte zu verändern« – weg vom gegenwärtigen selbstzerstörerischen Mythos der Trennung von der Erde hin zu der Geschichte eines lebendigen, verbundenen Ganzen[101] – dann kann dies nur geschehen, wenn wir die Göttin anerkennen. Nur von diesem Ort aus können wir weitergehen. Wir können nicht zur Ganzheit finden, wenn wir Verhaltensmuster von Zurückweisung oder Verleugnung beibehalten oder auch nur ihre Weisheit und ihre Macht vergessen.

Es gibt einen Fluss des Lebens, der zur Evolution gehört, zu dem einfachen Wunder des Lebens. Und die Dunkelheit ist Teil dieses Wunders. Wenn wir unsere eigene Dunkelheit akzeptieren, bringt uns dies in den Schmelztiegel der Transformation. Und wenn der Prozess vollständig ist, werden wir immer eine Erfahrung von Ganzheit, von Einheit machen. Was wie Dunkelheit schien, war nicht nur Dunkelheit. Was wie Licht schien, war nicht nur Licht. Wie in dem alten Symbol von Yin und Yang, sind die Gegensätze stets ineinander enthalten.

In die Schleier der Verzerrung sind das Mysterium und die Schönheit des verborgenen Lichts des *Lumen naturae* eingewoben. Und so müssen wir die materielle Dimension des Lebens honorieren – nicht nur die Schönheit der Natur oder die Fülle unseres Gartens, sondern auch den monstruösen Materialismus, der Macht über unsere Welt übernommen und dessen Magie uns verführt hat. Wir müssen sie verstehen, diese Geschichte der Verdunkelung, des Vergessens und des Verrates an dem, was in der Schöpfung heilig ist.

Nur wenn wir unsere Sehnsucht nach Wahrheit in unser tägliches Erleben einbringen und uns den dunkelsten Aspekten des modernen Lebens stellen, kann der mächtigste alchemistische Prozess geschehen.

DIE SCHLEIER DER VERZERRUNG UND DER FUNKEN DER WAHRHEIT

Die Schöpfung braucht eine intime Beziehung zu ihrem Schöpfer. Der Schöpfer sehnt sich danach, mit der Schöpfung vereint zu sein.

Wenn ein Mensch da ist, um dem Wirklichen zu dienen, hat er das Potential, den Funken des Absoluten, der sich im Herzen findet, mit der heiligen Substanz zu verbinden, die in der Schöpfung wartet. Unsere Aufmerksamkeit und unsere Sehnsucht erlauben der Substanz in unseren Seelen sich direkt mit ihrem in der Dichte der Materie verborgenem Gegenüber zu verbinden. Unser Herz verbindet sich mit dem Herzen der Welt, dem wahren Zentrum des Lebens. Dann erwacht im

Gegenzug die Substanz der Schöpfung wieder. Die Schöpfung wird von Wahrheit durchdrungen und die Menschen werden Teil davon, wie das Wirkliche Seiner Selbst durch das Kaleidoskop des Lebens Ausdruck verleiht.

Kein Schleier kann diese Gemeinschaft verhindern. Keine Verzerrung kann es mit der Sehnsucht nach Wahrheit aufnehmen, denn es ist die Wahrheit, die sich nach Sich Selbst sehnt. Wenn Menschen im Dienst der Wahrheit leben, können sie wahrhaftige Transformationen in Gang setzen.

Die Schöpfung wartet in ihrer Dunkelheit und ihrem Licht. Das Absolute wartet in den Zellen des Lebens, rein und ganz Sich Selbst. Das Absolute ist in einem Zustand großer Empfänglichkeit und Erwartung. Alles ist gegenwärtig und doch noch nicht ganz in der Existenz. Alles, was sein könnte, wohnt der Schöpfung als Möglichkeit inne.

Und die Schöpfung wartet.

Aber diese empfängliche Seite benötigt einen Funken. Die Schöpfung braucht den Funken des Schöpfers, damit neues Leben kommen, damit das Göttliche wiedergeboren werden kann. Und der Funken ist in unserer höchsten Absicht gegenwärtig, in der Liebe in unserem Herzen. Er entspringt der höchsten Bestimmung unserer Seele, die es ist und immer schon war, Gott zu dienen und zu loben und anzuerkennen, dass die Welt Gott gehört und das Leben zutiefst heilig ist.

Die große Magie des Schöpfers als Schöpfung ist nichts anderes als unser alltägliches Leben, unser innigstes Menschsein, der Atem, die Liebe und die Sehnsucht. Hier wird das Buch des Lebens geschrieben – in der Intimität unseres Atems, von Atemzug zu Atemzug, unserer Liebe und unserer Sehnsucht, wenn wir diese bewusst in unseren Alltag bringen. Viel zu viele von uns warten auf etwas anderes – außergewöhnliche

Zustände, Kräfte, welche die unseren übersteigen – oder auf
jemand anderen, der die Arbeit verrichtet, die notwendig ist.

Doch das, was wir benötigen, ist immer in uns gegenwärtig und steht uns immer zur Verfügung. Wenn wir getreu dem
wirklichen Bedürfnis und der Bestimmung unserer Seele leben, kann deren verborgene Substanz aufwachen. Wir tun
dann, wie Rūmī sagt, *was einzig notwendig.* Wenn wir es verpassen, die Sehnsucht unserer Seele nach Wahrheit zu leben,
werden wir in den Schleiern der Täuschung gefangen bleiben
und nichts wird Sinn ergeben; nichts kann wirklich geschehen. Die Schlange verschlingt ihren Schwanz, wächst und
verzehrt weiter ihren Schwanz. Die Verzerrungen des Lebens
mehren sich und das Leiden verschlimmert sich.

Doch wenn wir dem Faden in die Dunkelheit folgen, wenn
wir den Funken der Wahrheit in unserem Herzen erlauben,
uns zu führen, dann wird die wirkliche Magie der Schöpfung
uns nicht mehr länger täuschen, sondern wird das Geheimnis des Lebens selbst enthüllen. Dann werden die Zeichen des
Lebens wieder zu uns sprechen; das Mysterium und Wunder
wird wieder in den zehntausend Dingen gegenwärtig sein.
Mit offenen Augen werden wir das Wirkliche, das uns überall
umgibt, wieder erblicken können:

> Um Dir zu begegnen, betrachte ich Gesicht um Gesicht,
> Erscheinung um Erscheinung ... Um Dein Gesicht zu se-
> hen, ziehe ich vorüber wie der Morgenwind.
> *Al-Hallāj*

Es ist so einfach. Und doch ist es das ganze Leben, das seine
höchste Bestimmung feiert.

8

DIE RÜCKKEHR
ZUM WIRKLICHEN

Er führte mich zum Weinhaus
Und sein Banner über mir war Liebe.
Das Hohelied

Die Welt von heute überlädt und zerrüttet Psyche und Seele. Komplexität zieht uns an, und wir misstrauen der Einfachheit des Lebens. Das gibt den Schleiern, die über unserem Alltag liegen, noch zusätzlich Gewicht. Sie lenken uns von dem ab, was von grundlegender Bedeutung, universell und wirklich ist.

Doch inmitten dieser Illusion gibt es einige zentrale menschliche Erfahrungen, die ihre Lebendigkeit bewahrt haben, Weisen, wie wir das Absolute ehren und zum Wirklichen zurückkehren können. Natürliche Güte zum Beispiel, oder die schlichte Sorge für einen anderen Menschen. Wir können immer noch einen Topf Gemüsesuppe kochen. Wir trauern immer noch, wenn ein geliebter Mensch stirbt. Wir atmen noch.

Dies sieht vielleicht nicht nach Zeichen aus, die uns auf die Wahrheit hinweisen, sind sie doch zu einfach und zu gewöhnlich. Es scheint ihnen nichts Geheimnisvolles und Mysteriöses innezuwohnen. Doch ist es da, wo wir in unserer Zeit die Zeichen Gottes finden können – verborgen vor aller Augen.

Sich heutzutage auf die Wahrheit auf irgendeiner Ebene ausrichten zu wollen, fordert von uns die Bereitschaft, menschlich zu sein, zurückzukehren zum Grundlegenden und Natürlichen. Viele von uns werden neu beginnen und zu den grundlegenden Dingen zurückkehren müssen. Während den letzten tausend Jahren waren wir überzeugt, das alltägliche Leben sei nicht der Ort, wo sich das Absolute erkennen ließe. Unsere großen spirituellen Traditionen haben den Fokus auf das Transzendente gerichtet, auf das, was sich hinter dem gewöhnlichen Leben verbirgt. Sie haben auf die Himmel jenseits der Erde geschaut, auf Erfahrungen, die uns von uns selbst entfernen. Sie haben den Blick vom wahren Mysterium des menschlichen Herzens, von seiner Verletzlichkeit und Offenheit und seinem Vermögen, die vielen als den Einen zu sehen, abgewendet.

Einige wenige Traditionen hingegen haben auf das alltägliche Leben Wert gelegt – als Weg zu diesen Mysterien. Diese Traditionen können uns heutzutage behilflich sein. Die Sufi-Figur des Khidr zum Beispiel verdeutlicht diesen Aspekt des Pfades. Oft gehen wir, so wie Moses es tat, an Khidr vorüber, weil er uns als jemand so Gewöhnliches erscheint. Aber in Khidr finden wir den Ort, an dem sich das Menschliche und das Göttliche begegnen. Dort, wo der Fisch lebendig wird, wo die esoterischen Lehren lebendige Realität werden und nicht etwas sind, was man aus Büchern lernen kann. Als Rūmī dem wandernden Derwisch Shams begegnete, wurde der Theologieprofessor zum größten mystischen Dichter der Liebe, der das lebendige Göttliche im Herzen von allem zelebrierte. Wenn wir Khidr begegnen, wird das innerste Geheimnis zur Leidenschaft und Freude des Lebens, das der Mystiker in jedem Augenblick eines jeden Tages, mit jedem Schritt und jedem Atemzug lebt.

Zen und der Dzogchen Buddhismus legen den Fokus ebenfalls seit jeher auf diese gewöhnliche Dimension des Lebens, in der alle Ebenen der Realität aufeinandertreffen. Der Zen-Priester Issa widmete sein Leben ganz seiner Tradition, und doch war er immer bereit, menschlich zu sein. Er schrieb eines seiner berühmtesten Haikus nach dem Tod seines zweiten Kindes:

Diese Welt des Taus –
ist Tau nur –
Und doch, und doch …

Das weite Nichts, die Dimension der göttlichen Leere, zeigt und spiegelt sich in der Unbeständigkeit des Lebens – der Welt des Taus – während zur gleichen Zeit das menschliche Herz seine sanfte Zärtlichkeit bewahrt, seine willige Bereitschaft zu fühlen, seine Fähigkeit, zu lieben und zu trauern.

Wenn wir uns auf das Gewöhnlichste und zutiefst Menschliche ausrichten, erlaubt uns dies, zu atmen, die Zerstreuungen der modernen Zeit gehen zu lassen und das, was gegenwärtig ist, zu sehen. Mit Einfachheit vermögen wir alle Ebenen des Absoluten zu verbinden – von der größten Leere des Nichts zu der göttlichen Schönheit der Erde, der Dunkelheit und dem Licht der Dualität und dem Frieden, der in der Einheit lebendig ist.

Wenn wir die Gewöhnlichkeit des Lebens umschiffen – wenn wir dem Verlangen nach mehr und mehr Ablenkungen weiterhin nachgeben – geben wir dem Absoluten keine Möglichkeit, sich uns auf allen Ebenen zu erkennen zu geben. Wir begrenzen die Ganzheit des Lebens, wie sie sich von Augenblick zu Augenblick enthüllt.

Die Natur der Seele – der individuellen Seele genauso wie der Seele der Welt – ist eine Wesensqualität, in der die Dinge einfach *sind*. Hier *ist* Frieden, *ist* Liebe und *ist* auch Macht. Wir werden diese Qualitäten nie bemerken und schon gar nicht wirklich leben, wenn wir unserem Verlangen folgen, dem Gewöhnlichen zu entkommen, gefangen in den Fantasien und Dramen, die unser modernes Leben durchdringen. Ein Mensch, der nicht von der scheinbaren Komplexität des Lebens und den kollektiven Zerstreuungen abgelenkt ist, hat Zugang zu einer natürlichen Macht. Wenn wir das Natürlichste zulassen, gewinnen wir die spirituelle Kraft zurück, von der uns die Illusionen des Lebens so hartnäckig fernzuhalten versuchen. Diese Kraft im Leben spiegelt sich im Haiku des Soto Zen Buddhisten Ryokan wider:

Der Wind hat sich gelegt, die Blüten sind gefallen;
Vögel singen, die Berge werden dunkel –
Dies ist die wundersame Kraft des Buddhismus.[102]

Die innige Vereinigung des Nichts mit den zehntausend Dingen, das Zusammenbringen der Dimensionen der Leere und des gewöhnlichen Lebens findet seinen Ausdruck auch in der tibetischen Tradition des Dzogchen:

Der pfadlose Pfad
ist immer der Pfad unter unseren Füßen
Und da dieser Pfad sich nie anderswo als unter uns befindet,
Wie dumm, wenn wir ihn verpassen![103]

Sogar im 14. Jahrhundert rät man den Suchenden, sich nicht vom Alltag abzuwenden, sondern die Wirklichkeit darin zu erkennen.

Doch wie erkennen wir den Pfad unter unseren Füßen, der – gleich Khidr – vielleicht so gewöhnlich ist, dass wir ihn verpassen? Wir leben in einer Welt, die voller Zerstreuungen und Verzerrungen ist, welche unsere Aufmerksamkeit erheischen. Dies lenkt uns von den einfachen Realitäten ab, die direkt vor uns liegen, direkt unter unseren Füßen. So ist es sehr schwierig geworden, den Pfad als das zu erkennen, was er wirklich ist. Doch wenn wir uns verpflichtet haben, wenn wir unserer Sehnsucht, dem Ruf der Seele folgen, wird uns gezeigt werden, was in der gewöhnlichen Welt um uns herum wirklich ist. Unsere Schritte werden uns führen. Die Macht der Liebe und die Gnade, die uns zuteil wird, werden unsere Illusionen wegfegen. Und sie werden uns so zurücklassen, wie wir sind und die Welt so, wie sie ist. Hier werden wir das Wirkliche, den pfadlosen Pfad finden.

T. S. Eliot nennt diesen Zustand:

Einen Zustand vollkommener Einfachheit
(der nichts weniger kostet als alles).[104]

Die Wahrheit zu erkennen und ihr zu dienen hat schon seit jeher nicht weniger als alles gekostet. Und vielleicht ist es heute sogar härter als je, zum Wirklichen zurückzukehren. Doch uns sind die Schlüssel gegeben worden. Es sind die gleichen Schlüssel, welche seit Anbeginn der Zeit die Geheimnisse des Herzens und die Mysterien des Lebens erschlossen haben – der Sehnsucht der Seele Ehrerbietung zu zollen, die Hingabe, mit der wir uns selbst in den Dienst stellen, uns selbst der

Liebe übergeben. Nicht den Illusionen der Liebe, sondern der Liebe, wie sie wirklich ist.

LIEBE

Wenn wir Menschen in diesen Zeiten dem Wirklichen dienen, wenn wir mit der Welt arbeiten wollen, wie sie wirklich ist – mit der Dunkelheit genauso wie mit dem Licht – müssen wir die unergründliche Magie der Liebe anrufen. Denn die Liebe ist nicht nur die größte Macht im Universum, ihr wohnt auch eine subtile, gestaltende Magie inne, eine uralte Magie, die in der Verbindung von Geliebtem und Liebendem lebendig ist.

Sehr, sehr viele Geheimnisse, die uns miteinander und mit Gott verbinden, sind im Gewebe der Liebe eingewoben. Liebe ist so viel mehr als eine bloße Idee oder ein Gefühl. Sie ist ein lebendiges Geheimnis, ein Geheimnis, das alle Ebenen der Existenz verbindet und uns ins Bewusstsein ruft, wo wir wirklich gebraucht werden.

Im Nichts ist Liebe reines Potential. Sie ist gegenwärtig, sobald das Leben seinen Anfang nimmt, in dieser ersten Explosion des Lebens, aus der die Einheit geboren wird; sie bleibt in der Dualität von Licht und Dunkelheit, von Schönheit und Majestät gegenwärtig. Aus der Leere herausfließend, ist Liebe das unsichtbare Fundament der Schöpfung, durch alles Leben hindurch gegenwärtig, in jeder Feder eines jeden Vogels, in den kräuselnden Wellen eines Bergsees, in einer Träne in den Augen eines Kindes. Liebe ist nicht durch irgendeine Ebene oder eine Dimension begrenzt. Zeitlos webt sie mit einem verborgenen Faden das Ewige in die Gegenwart hinein.

Im Sufismus ist die gesamte Schöpfung eine Geschichte von Liebendem und Geliebtem. Alles Leben sehnt sich danach, seinen Schöpfer zu erkennen, sehnt sich danach zu der Sonne zurückzukehren, von wo es herkam. Und diese essentielle Wahrheit, dass Gott, der Große Geliebte, Menschen braucht, die Seine Liebe ertragen können, ist im Sufismus verkörpert. Auch bei William Blake findet sich dieses Verständnis wieder:

> Und wir sind für kurze Zeit auf die Erde gestellt,
> die Strahlen der Liebe ertragen zu lernen.[105]

Der Große Geliebte braucht Liebende, um die Geheimnisse göttlicher Liebe, die Mysterien der Einheit und die Enthüllungen der Wahrheit zu teilen.

Die gesamte Menschheit trägt in sich die Erinnerung dieser göttlichen Liebesgeschichte, die der Seele angehört. Diese Erinnerung an die Liebe ist nicht Teil der Persönlichkeit. Sie ist in unserem Sehnen lebendig, in unserem unermesslichen Bedürfnis nach Liebe, nach Zugehörigkeit, nach Wahrheit: *Lausche dem Schilfrohr, es erzählt eine Geschichte, klagt über Trennung, es sagt: »Seit vom Schilfbett man mich getrennt, ergreift mein Wehklagen Männer und Frauen«.*[106]

Vielleicht hat man dreißig Jahre lang einen spirituellen Weg praktiziert oder ist gerade durch einen bunten Wald spaziert oder hat soeben einen Freund getroffen, der ein Freund für immer sein wird – und plötzlich ist Liebe da. Sie kommt unerwartet, als ein zartes Gefühl oder ein Duft im Herzen. Wir alle tragen Liebe in uns, und wo immer sie erscheint, führt sie uns in die Dimension der Seele. Mit Liebe können wir hinter die Schleier sehen, zur Wahrheit im Herzen, und die Welt betreten, die wir bewohnen sollten – die wirkliche Welt, eine Welt von Bedeutung und Offenbarung – eine Welt, die aus Liebe geschaffen ist.

Doch wir müssen uns der wahren Natur der Liebe erinnern. In den meisten mystischen Traditionen bedeutet wirklich lebendig zu sein, zu sterben. Darum sagen die Sufis: »In
der Liebe ist nichts möglich ohne Tod.«

Wenn man nicht sterben kann, kann man nicht vollständig lieben. Seit jeher geht es im spirituellen Leben darum,
dass das Ego sterben muss und in uns eine Öffnung entsteht,
die uns ermöglicht, das Selbst oder die Seele wahrzunehmen,
den Ozean der Liebe, das uferlose Meer, in dem »Schwimmen
immer mit Ertrinken endet.«[107]

Sogar wenn wir gelesen haben oder man uns gesagt hat,
dass das »Ego gehen muss«, dass man »vor dem Sterben sterben muss«, können wir uns keinen Zustand vorstellen, in dem
unser »Ich« nicht im Zentrum steht. Die meisten Suchenden,
die sich das Selbst vorstellen, denken sich ein spiritualisiertes
Ego. Wir sind selten auf die Einfachheit dessen vorbereitet,
was ist. Das Selbst mag eine kosmische Dimension haben,
aber es ist auch die gewöhnlichste und einfachste Essenz, eine
Seinsqualität, die in allem gegenwärtig und mit nichts identifiziert ist – die einfach *ist*. Und es ist uns nicht einmal ansatzweise möglich, die Zustände des Nichtseins, die jenseits des
Selbst existieren, zu verstehen. Wie können wir uns einen Zustand vorstellen, in dem wir sind, wo wir gar nicht sind? Die
wahre Natur des Pfades, anders als alles, was mit dem Ego zu
tun hat, ist es, leerer und leerer zu werden, weniger als mehr
zu haben. Diese Leere in uns ist ein lebendiges Gefährt für die
Liebe, eine Weise, das Absolute im Leben zu bezeugen.

Äußerlich mag die Liebende in der Welt der Vielheit bleiben, doch ihre Liebe zu Gott ist eins geworden mit der Liebe Gottes für sie. In dieser Verschmelzung wird der Kreis der
Liebe geschlossen. Najm al-Dīn Kubrā beschreibt diesen Zu-

stand, in welchem die Gegensätze – einschließlich der Gegensätze von Form und Leere, von Innen und Außen – vereint worden sind:

> Wenn der Liebende in der Liebe vernichtet worden ist, wird seine Liebe eins mit der Liebe des Geliebten. Dann gibt es keinen Vogel und keinen Flügel, und sein Flug und seine Liebe zu Gott existieren durch Gottes Liebe zu ihm und nicht zu Ihm durch ihn.[108]

Die Liebe ist in allem und um alles herum, was existiert. Sie ist das Garn des Gewebes des Lebens, Kette und Schuss, welche die Schöpfung zusammenhalten. Und doch gehört es zum Mysterium der Liebe, dass sie immer wieder neu in die Welt fließt. Und es gehört zum Mysterium des spirituellen Pfades, dass Menschen, in einem sehr feingewirkten und zugleich sehr einfachen und elementaren Prozess, zu einem Gefäß werden, wo die Liebe in die Welt fließen kann.[109] Durch unsere Praktiken, durch den Lehrer oder durch die Meister der Liebe, die auf den inneren Ebenen arbeiten, können unsere spirituellen Zentren aktiviert werden, um auf einer gewissen Frequenz zu drehen, die mit der Arbeit, die es zu tun gilt, in Übereinstimmung steht. Die Liebe kann mühelos durch das Herz fließen, und durch das Herz in die Welt.

Wenn unser Selbst aufhört zu existieren, können wir uns dieser Liebe, die uns sowohl umgibt, als auch durch uns hindurch wirkt, bewusstwerden. Dann hören wir den Herzschlag des Lebens. Wir hören den Gesang der Schöpfung die heiligen Namen singen. Wir übernehmen bewusst Verpflichtung für das, was wirklich ist, die Hingabe der Liebenden an ihren Geliebten, welche diese Selbstaufgabe möglich macht und das

Tor zu den Geheimnissen der Liebe öffnet. In dieser Hingabe ist der Mystiker auf einzigartige Weise einbezogen und hat gleichzeitig völlig entsagt. Doch es ist nicht nur ein Zustand der Entsagung. Denn der Kreis der Liebe weitet sich stetig aus, und nichts ist nicht mit eingeschlossen. Die Ganzheit, welche den innersten Kern unserer Seele bildet, ist immer gegenwärtig.

Im Sufismus wird dieser Zustand als mystische Armut beschrieben, die Armut des Herzens, dessen »innere Wahrheit ist, dass der Dienende von allem außer von Gott unabhängig ist.« Mystische Armut ist die innerste Verbundenheit des Herzens mit seinem Geliebten und die Freiheit von allen äußeren Anhaftungen. So versteht es sich, dass der Sufi absolute Armut für absoluten Reichtum hält.

Die mystische Armut erlaubt dem Liebenden den Geliebten in der inneren und der äußeren Welt zu erkennen. Es gibt keine Einschränkungen, denn es ist Aufgabe des Liebenden, nach dem Geliebten Ausschau zu halten, unabhängig von der Form, und die Wahrheit zu leben, dass »Gott Sich Selbst niemals zwei Menschen in gleicher Gestalt zeigt und auch nicht in einer Gestalt zweimal.«[110] Wenn wir der Welt der Erscheinung anhaften, sehen wir die äußere Gestalt der Schöpfung, einer Schöpfung, die eine leere Illusion ist. Doch wenn wir der Welt der Erscheinungen nicht angehaftet bleiben, sieht das Auge des Herzens das Geheimnis, das in allem verborgen liegt, das weibliche Mysterium der Schöpfung. Mit den Worten von ʿAttār:

> Ist das Auge des Herzens offen,
> tun sich in einem jedem Atom
> einhundert Geheimnisse auf.[111]

Das menschliche Herz öffnet sich. Und wir lernen, mit dem Auge des Herzens zu sehen, mit den Ohren des Herzens zu lauschen. Dies ist etwas, was wir vergessen haben. Es ist ein großes Geheimnis des Menschseins, wie unsere Herzen geöffnet werden können.

Wenn eine Suchende bereit ist und sie sich dem Pfad verpflichtet hat, kann ihr Herz durch die Gnade Gottes, durch einen Meister der Liebe, gewendet werden. Auf ein Herz lässt sich blasen wie auf glühende Kohle, die wieder aufflackert. Dann ist die Suchende die Verbindung zwischen Gott und der Schöpfung. Eine Verbindung, die sich des Göttlichen durch alle Ebenen der Existenz hindurch erinnert, die von Liebe durchdrungen ist und die Liebe, die allem innewohnt, sieht und erkennt. Diese Liebe weiß um sich selbst; sie enthält die Vergangenheit und die Zukunft und in ihr ist das Wissen um Gott gegenwärtig. Sie ist ein Geschenk des Augenblicks.

Göttliche Liebe ist immer gegenwärtig. Und gleichzeitig wird sie Augenblick für Augenblick neu gegeben. Sie birgt in sich das tiefste Geheimnis und den Sinn des Lebens. Die Liebe, die auf uns wartet, die uns in diesem Augenblick unserer Evolution gegeben wird, enthält das Mysterium und die Magie der Schöpfung. Nur Liebende können diese inneren Wirkungsweisen der Liebe erahnen, verstehen, wie die Fäden der Liebe in das Gewebe des Lebens eingewoben werden, wie die Schöpfung sich des eigenen Liedes wieder gewahr wird, das darauf wartet, gesungen zu werden.

Doch diese Liebe kann nicht gegeben werden, wenn wir uns auf uns selbst fokussieren. Sie wird gegeben, wenn wir auf den Einen schauen, wenn wir offen und verletzlich sind, bereit, gebraucht zu werden, bereit der eigenen Sehnsucht, im Dienst zu stehen, zu folgen – wenn wir so sehr in mystischer Armut hingegeben sind, dass wir bereit sind, sogar den eigenen Zugang zur Liebe den Bedürfnissen des Geliebten hinzugeben: »Das Herz eines Liebenden wird vom Geliebten zwischen zwei Fingern gehalten. Er dreht es, wie Er will.« »Nichts haben und nichts wollen«, so betritt die Liebende das Mysterium des Herzens, so kann sie gebraucht werden, genauso wie es Not tut.[112]

DAS HERZ DER WELT

Die Magie der Erinnerung verleiht der Liebe Macht. Die Liebe ruft unsere Erinnerung wach. Die Liebenden erinnern sich immer ihres Geliebten – wer vergisst, ist nicht länger eine Liebende. Wir erinnern unseren Geliebten im Innersten unseres Herzens und in den Begegnungen eines jeden Tages. Alles, was wir berühren, hören, sehen, erinnert uns an den einen, den wir lieben. Wenn wir in der Liebe absorbiert sind, ist alles unser Geliebter. Durch die Liebe erinnern wir uns auch unserer wahren Natur; wir erinnern uns an unseren Ursprung im Absoluten.

Und wir sind nicht die einzigen, die sich erinnern und lieben. Es gibt nur eine Liebe: unsere Liebe für die Wahrheit ist die Liebe des Schöpfers für seine Schöpfung, genauso wie es die Liebe der Schöpfung für ihren Schöpfer ist. So wie wir uns an unseren Geliebten erinnern, so erinnert sich die ganze Schöpfung, Ihn unentwegt lobpreisend, an ihren Schöpfer. Dhū'l-Nūn beschreibt, wie sich ihm diese Realität offenbart:

Wer sich wahrhaftig auf Gott besinnt, vergisst alles außer Ihm, denn alle Geschöpfe gedenken Seiner, wie es diejenigen bezeugen, denen eine Offenbarung zuteil wird. Ich erfuhr diesen Zustand vom Abendgebet bis das erste Drittel der Nacht zu Ende ging. Und ich vernahm die Geschöpfe, die Gott mit so lauter Stimme priesen, dass ich um meinen Verstand fürchtete. Ich hörte, wie die Fische sagten: »Gepriesen sei der König, der Allerheiligste, der Herr.«

Der spirituelle Körper der Erde besitzt wie wir ein Herz. Und wenn das Herz der Welt erwacht ist, singt es das Lied von Erinnerung und Lobpreis, das Liebeslied der Schöpfung, in dem alle Namen der Schöpfung lebendig werden. Die Magie der Liebe fließt dann durch das gesamte Leben, und sie begibt sich dorthin, wo sie gebraucht wird, webt die Muster und die Harmonien der Liebe. Der Gesang der Erinnerung singt sich seinen Weg durch die Dunkelheit, ruft der ganzen Schöpfung ihren tiefsten Sinn in Erinnerung, entwirrt die Knoten, die wir im Leben geschaffen haben, bringt Erinnerung an die Orte des Vergessens.

Zurzeit liegt das Herz der Welt in einem tiefen Schlaf, sein Liebesgesang ist Teil seiner Träume, Teil des Traumes der Welt. Doch die Herzen der Liebenden sind im Einklang mit dem Lied der Liebe; sie fühlen es im Raum zwischen den Atemzügen, in der Stille inmitten der Geräusche des Lebens. Sie leben ihre Tage in Übereinstimmung mit diesem Lied; ihr Herz schlägt zu dessen Rhythmus. Sie kennen die tieferen Mysterien der Liebe: wie der Menschheit seit jeher die Liebe als ein Weg zurück nach Hause dargeboten wird, wie die Liebe zu Gott gehört, der sich danach sehnt, erkannt zu werden und zehntausend Weisen erfunden hat, um Sich Selbst auszudrücken. Während der größte Teil der Menschheit unbewusst bleibt, versunken in die Alpträume des materiellen Wohlstandes, bleibt es den Liebenden überlassen, wach zu bleiben und durch ihre Herzen und ihren Alltag ihre Liebe und ihr Wissen um die Wirklichkeit in die Zellen des Lebens zurückzugeben.

Von Herz zu Herz, von Seele zu Seele, gibt es einen Ruf und ein Echo. Die Erde ruft aus ihrer tiefsten Sehnsucht heraus, in ihrer heiligen Natur wiedererkannt zu werden, damit ihr Herz gesehen und erkannt wird – damit das Wirkliche zurückkehrt. Wenn die Menschheit antwortet und das Wirkliche im Leben erkennt und es dem Leben zurückgibt, kann das Herz der Welt sich öffnen und alles Leben zu singen beginnen.

Der Gesang der Welt wird Heilung und Freude und Lachen bringen. Die Schöpfung wird wieder um ihre eigenen Namen wissen und ihre Magie wird wieder lebendig werden. Dann werden wir uns wundern, wie es je hat anders sein können. Dann werden wir unseren Enkelkindern sagen: »Ich kann mich der Tage entsinnen, als es nicht so war. Als die Magie auf der Erde fehlte.«

Die Menschen haben die Möglichkeit, an diesem Erwachen teilzuhaben, das Wirkliche ins Leben zurückzubringen. Doch es gibt Hindernisse, gewaltige Kräfte der Dunkelheit, die den Weg versperren. Die Welt ist von unglaublichem Eigeninteresse bedeckt. Als Kollektiv haben wir die Existenz des Wirklichen vergessen. Wir haben das unermessliche Nichts vergessen und die Göttlichkeit von allem, was existiert. Wir haben die gewaltsame Seite Gottes vergessen – der göttliche Wille, der zerstört – und wir haben die tiefe Intimität der Liebe vergessen. Wir haben die vielen Weisen vergessen, durch die sich der Eine Selbst ausdrückt. Und wir haben unsere Rolle als Zeugen dieses Ausdruckes vergessen.

Wer wird sich erinnern?

Das Leben will unsere Aufmerksamkeit. Es will mit uns sprechen. Es will uns seine Geschichten erzählen. Es will mit uns seine Geheimnisse und Wunder teilen, genauso wie sein Grauen und seine Dunkelheit. Es braucht nicht viele Menschen. Nur einige wenige Hirten bezeugten die Geburt Christi. Das Leben braucht nur einige wenige von uns, die seinen Geschichten lauschen und seinen Aufschrei mit offenen Herzen hören.

Die Erde lauscht und sie hört; sie hat eine Sprache; sie hat eine Seele. Wir sind alle Teil ihres Liedes vom Leben. Wenn wir unseren Dank aussprechen, wenn wir uns selbst erlauben, menschlich zu sein, wenn wir uns auf das Wirkliche ausrichten, dann wird die ganze Schöpfung antworten.

Es gibt Menschen unter uns, die bereit sind, die Wahrheit zu leben, dass der Pfad sich nicht um uns dreht, dass die spirituelle Reise nicht persönlich ist, sondern eine Reise des Wirklichen, das sich selbst erkennt. Diese Mystiker müssen anerkennen, dass sie mit dem Ziel gekommen sind zu dienen; sie haben auf einen Ruf geantwortet. Spirituell gesehen sind wir alle miteinander verbunden und unsere spirituellen Praktiken gehören zum Leben selbst – nichts ist voneinander getrennt. Unsere Erinnerung ist die Erinnerung der Erde.

Mit jedem Atemzug können die Mystiker die Wahrheit in die Schöpfung von den höchsten Ebenen direkt in unsere manifestierte Welt bringen, so dass sie in der Gegenwart Gottes gehen können, so dass sie Seinen Atem atmen können, so dass sie Seinen Namen wiederholen können. Es ist die Aufgabe jener, deren Herzen offen sind und wach, die Note wiederzufinden, die verloren gegangen ist, diese Note der Liebe, welche die Erde als einen heiligen Ort erkennt, welche wiedererkennt, dass Geist alles durchdringt.

Der alte Teich.
Der Frosch springt hinein
Plop.[113]

Das ist es.

Die Seele inkarniert in die essentielle Einfachheit des Lebens. Mit jedem Atemzug bringen wir ihr Geheimnis in unsere Welt, verbinden die Unermesslichkeit des Nichts mit der Pracht der zehntausend Dinge. Wir bezeugen die Knospe, die im Frühling erblüht, einen jungen Falken mit seinem flaumigen Gefieder, bevor er seinen ersten Flug unternimmt. Wir bezeugen den Tod und die Zerstörung. Und wir sind ein Teil von alledem:

Ich bin die Pein des Eifersüchtigen,
Ich bin der Schmerz des Kranken
Ich bin beides, Wolke und Regen
Ich regne auf die Wiesen.[114]

Das Lied der mystischen Liebe umfasst die gesamte Schöpfung, wenn es aus dem menschlichen Herzen und dem Herzen der Welt erklingt. Es ist eines der großen Geheimnisse der Menschheit, das darauf wartet, gelebt zu werden.

So wie das Gebet sagt: »Auf dein Geheiß allein, will ich die Pilgerfahrt des Lebens unternehmen … Um der Liebe zu allem willen, was Du geschaffen hast und Dir zur Ehre.« Es ist an uns, unsere Leben dem Wirklichen mit Liebe zurückzugeben – und zu warten und zu lauschen und die Freundschaft zu erwidern, die uns angeboten wird – die Freundschaft mit Gott. Die wahre Gefährtenschaft.

Dann werden wir erfahren, wie unser gewöhnliches, flüchtiges Leben Teil der großen Liebesgeschichte ist, *die große Liebesgeschichte selbst ist.* Und wir werden jeden Tag um der Liebe zum Wirklichen willen leben.

Aus Liebe zum Wirklichen

EPILOG

Eine Geschichte des mystischen Geheimnisses des Lebens

Dieses Buch erzählt eine Geschichte. Es ist kein Ratgeber, es gibt keine spirituellen Anweisungen. Es ist eine Geschichte. Manchmal ein Abenteuerroman, immer eine Liebesgeschichte. Wie viele Geschichten ist sie teils Mythos, teils autobiographisch, teils einfach die Wahrheit. Es ist kein Versuch, irgendwelche Probleme zu lösen, auch wenn darauf hingewiesen wird, dass wir uns einbringen können, dass wir etwas zu geben haben. Es ist eine Geschichte von jenen Dingen, die vergessen oder verdeckt wurden. Wenn die alten Bibliotheken nicht verbrannt, die großen tibetischen Klöster nicht zerstört wären, würden wir dort Fragmente davon finden.

Möge diese Geschichte, wie alle Geschichten, die vom Herz aus erzählt werden, etwas in uns berühren, Erinnerungen in uns anklingen lassen. Sie kann vielleicht ein Tor zu einem Geheimnis öffnen, das in unserer heutigen Kultur fast gänzlich in Vergessenheit geraten ist. Es geht darum, wie die Welten zusammenarbeiten, wie die Liebesgeschichten der Schöpfung ins Leben kommen und wie diese Fäden in unseren Alltag hineingewoben werden, auch wenn wir nie darum wissen.

In der Einleitung zeige ich auf, dass diese Zeit eine Zeit des Vergessens ist, in der so viel Wissen verlorengegangen ist.

Diese Geschichte erzählt, was vor dem Vergessen war, was verborgen gehalten wurde und nie verlorengegangen ist. Sie erzählt von einem Geheimnis, das unglaublich einfach ist.

Kann man den Prophezeiungen glauben und wurden die Zeichen richtig gelesen, so stehen wir an einem Wendepunkt, vielleicht am Beginn einer neuen Ära. In einem solchen Moment ist es entscheidend zu wissen, was es loszulassen und was es zu behalten gilt, was zum sterbenden Zeitalter gehört und was zu jenem, das neu geboren wird. Es ist wie bei einem Umzug – was werfen wir weg und was nehmen wir mit uns? Es besteht immer die Gefahr, dass wir zu viel mitnehmen, dass wir den neuen Raum mit unnötigen Dingen vollstopfen. Doch es kann auch geschehen, dass wir etwas, das wir brauchen, nicht mitnehmen, dass etwas Essentielles zurückgelassen wird. Diese Geschichte erinnert uns an die wenigen Dinge, die wir nicht vergessen dürfen – einfache, gewöhnliche Dinge, wie die Liebe und Dienerschaft und ein Bewusstsein für das, was wirklich ist.

Und so hoffe ich, dass diese Geschichte, wie alle Geschichten, unterhaltsam war und einigermaßen zumutbar. Es mag Stellen geben, die nicht so einfach zu verstehen sind, doch liegt dies auch daran, dass wir die Sprache der Seele vergessen haben. Zwischen den Zeilen dieser Geschichte wird das Band der Liebe sichtbar, das alles, was existiert, verbindet. Dieses Band der Liebe ist, was wirklich wichtig ist. Dies ist die Geschichte, die ich zu erzählen versuche: alles ist durchdrungen von dieser Liebesbeziehung. Es ist ein Liebesbund, der niemals gebrochen werden kann – sonst würden die Welten auseinanderfallen. Ich hoffe, diese Geschichte vermittelt ein Gefühl für diese Beziehung, diese Liebe, und die Erfahrung wahrer Zugehörigkeit.

Aus Liebe zum Wirklichen

ANMERKUNGEN

1 Zitiert von **William Chittick**, *The Sufi Path of Knowledge*, S. 375.

EINLEITUNG

2 *The Seven Days of the Heart*, übersetzt ins Englische von Pablo Beneito and Stephen Hirtenstein, S. 43.

1.

DEM ABSOLUTEN DIENEN

3 »Burnt Norton«, *Four Quartets.*

4 Sogar wenn einen der Pfad geführt und vorbereitet hat, kann eine direkte Erfahrung des Göttlichen überwältigend sein. Das habe ich Anfang Zwanzig erfahren, als ich auf der Ebene des Selbst erwachte. Nach dem Eintauchen in die Dimensionen der Seligkeit und der Zeitlosigkeit hat es viele Monate gedauert, bis mein Ego-Bewusstsein wieder soweit hergestellt war, dass ich ein »normales« Leben führen konnte. Siehe **Llewellyn Vaughan-Lee**, *Das verborgene Gesicht der Liebe. Die spirituelle Autobiographie eines modernen Sufi.*

5 **Henry Corbin**, *Creative Imagination in the Sufism of Ibn ʿArabī*, S. 189.

6 Die Unternehmenswelt hat manipulativ von Bildern und Symbolen Gebrauch gemacht, um Wünsche zu wecken und Produkte zu verkaufen – ohne ein Bewusstsein für die heilige Natur dieser Symbole. Dies hat die innere Welt tiefgreifend entstellt.

7 Die Bibel, Offenbarung des Johannes, 22:1

8 Zitiert von William Chittick, *The Sufi Path of Knowledge*, S. 143.

9 Siehe **Vaughan-Lee**, »Wo die beiden Meere zusammenfließen«,

Fragmente einer Liebesgeschichte, S. 191 ff

10 **Abū Saīd ibn Ab āl-Khayr,** zitiert von R.A. Nicholson, *Studies in Islamic Sufism*. S. 37.

11 »Das Einzige, was jemand jemals für sich selbst in Anspruch nehmen kann, ist die Nicht-Existenz. In religiöser Terminologie bedeutet dies, ein Diener Gottes zu sein. Tatsächlich stellt Ibn ʿArabī Dienerschaft auf die höchste Stufe der menschlichen Verwirklichung.« **William Chittick,** *The Sufi Path of Knowledge*, S. 24.

2.

DAS VERBORGENE GESICHT GOTTES

12 »Cables to the Ace«, *Collected Poems of Thomas Merton*, sec. 84.

13 **Ibn ʿArabī** beschreibt dies, wenn er sagt, dass Er sich in der Schöpfung offenbart und sich zugleich auch verbirgt oder einen wesentlichen Teil Seiner Selbst verhüllt.

14 »Cables to the Ace«, *Collected Poems of Thomas Merton*, sec. 84.

15 Die Menschen nehmen als Bindeglied zwischen der inneren spirituellen Welt der Engel und der äußeren physischen Welt eine einzigartige Position ein.

16 Johannes-Evangelium, 10:30.

17 **T.S. Eliot,** *Vier Quartette,* »The Dry Salvages«.

18 **Thomas Merton,** »Cables to the Ace«, *Collected Poems of Thomas Merton,* sec. 84.

19 Zitiert von **Massignon,** *The Life and Passion of Al-Hallaj,* Band. 1, S.285

20 Der Naqshbandi Sufi-Meister Ahmad Sirhindi hat ausführlich über die »Erfahrung der Existenz des Nicht-Seins« geschrieben und der Grad der Vernichtung, die für die »Enthüllung der Essenz und des kontemplativen Bezeugens der Essenz« notwendig ist. **Arthur Buehler,** *Revealed Grace,* S. 146.

21 *The Life, Personality and Writings of Al-Junayd,* herausgegeben von Ali Hassan Abdel-Kader, S. 172.

22 *Say I Am You,* übersetzt von Coleman Barks, S. 27.

23 Radha Mohan Lal ist derselbe Sufi-Meister, den Irina Tweedie in ihrem Tagebuch »*Der Weg durchs Feuer, Tagebuch einer spirituellen Schulung durch einen Sufi-Meister*« Bhai Sahib nennt.

24 *Tao Te Ching*, engl. Übersetzung von Gia-Fu Feng, Jane English und Toinette Lippe, Kap. 11.

25 **Paul Reps und Nyogen Senzaki**, *Zen Flesh, Zen Bones: A Collection of Zen and Pre-Zen Writings*, S. 53.

26 *Night and Sleep*, übersetzt von Coleman Barks.

27 Im Sufismus wird dies die Station der Nicht-Station genannt.

3.
DAS GESCHENK DES NICHTS

28 **Matthäus**, 20:1-16.

29 **Ebenda**, 20:16.

30 Zum Beispiel bringt das äußere Dienen von einem Ort der Liebe aus das Zeitliche und das Ewige zusammen, wie der Spruch besagt, der Mutter Teresa zugeschrieben wird: »*Kleine Dinge mit großer Liebe*«.

31 **Chogyal Namkhai Norbu**, *Der Kristallweg. Die Lehre über Sutra, Tantra und Dzogchen*, 1994, S. 112.

32 »Er (der Mensch) ist für Gott, was die Pupille, das Werkzeug des Sehens, für das Auge ist; und aus diesem Grund wird er Mensch genannt. Durch ihn betrachtet Gott Seine Geschöpfe und erbarmt sich ihrer.« Zitiert von **Bhatnagar**, *Dimensions of Classical Sufi Thought*, S. 94. In diesem Sinne vollendet die Ankunft des Menschen den Prozess der Schöpfung. Meister Eckhart trifft eine ähnliche Feststellung: »Das Auge, mit dem ich Gott sehe ist das gleiche Auge, in dem Gott mich sieht. Mein Auge und Gottes Auge sind ein Auge und ein Sehen, ein Wissen und ein Lieben.« **Robert J. Dobie**, *Logos and Revelation: Ibn 'Arabī, Meister Eckhart, and Mystical Hermeneutics*, S. 215.

33 **Koran**, Sure 7:172.

34 Siehe **Vaughan-Lee**, »Die Kammern des Herzens«, *Fragmente einer Liebesgeschichte*, S. 34 ff

35 **Koran**, Sure 18:61-83.

36 Das Bild des toten Fisches, der lebendig wird, weist auf einen Ort hin, wo die spirituellen Lehren im Herzen und im Leben des Suchenden eine lebendige Realität werden.

37 **Miguel Serrano**, *The Story of an Indian Pilgrimage*, S. 97.

38 *Julius Cäsar*, 4. Akt, 3. Szene, 218-221.

39 Die buddhistische Umweltschützerin Joanna Macy nennt den Wandel von einer industriellen Wachstums-Gesellschaft zu einer lebenserhaltenden Zivilisation »die große Wende«.

40 *The Zen Teaching of Huang Po*, übersetzt von John Blofeld.

41 »Ein wahrer Dervisch ist gemäß Kharaqānī und seinen Anhängern nicht-existent; er hat Fāna erfahren und lebt nur durch und in Gott.« **Annemarie Schimmel**, *The Triumphal Sun*, S. 308.

42 **Bahā ad-Dīn Naqshband**, *Die elf Naqshbandi Prinzipien*, www.goldensufi.org/g_elf_prinzipien.html

43 Zitiert von Idries Shah, *The Way of the Sufi*, S. 164.

44 Gemäß der Tradition ist die Beziehung von Lehrer und Schüler notwendig, um über das Ego hinauszugelangen. In dieser direkten Beziehung ist der Lehrer der »Fährmann«, der den Schüler von einer Küste zur anderen überführt, vom Ego zum Selbst und über das Selbst hinaus. Leider stehen heute große spirituelle Versammlungen im Vordergrund und es fehlen Lehrer, welche diese Reise selbst unternommen haben. Suchende haben deshalb oft keinen Zugang zu dieser individuellen direkten Beziehung.

45 Zum Beispiel eine spirituell »erwachte« Person werden.

4.

EINHEIT

46 »*Die Göttliche Komödie*«, XXXIII:85-87.

47 *Katha Upanishad*, übersetzt ins Englische von Shree Purohit Swāmi und W.B. Yeats, bk. 2:1.

48 **Anne Carolyn Klein** und **Geshe Tenzin Wangyal Rinpoche**, *Unbounded Wholeness: Dzogchen, Bon and the Logic of the Nonconceptual*, S. 31.

49 »Sky Flowers«, zitiert von Peter Matthiessen, *Nine-Headed Dragon River*, S. 184.

50 **Ibn ʿArabī**, *The Seven Days of the Heart*, S. 44. Die Haltung des Dienens beschützt uns vor den Gefahren der Inflation, welche die Einheitserfahrungen hervorrufen können, wenn wir uns mit dem Göttlichen identifizieren. Ibn ʿArabī schreibt ebenfalls ausführlich über die »Sicherheit in der Dienerschaft« in **William Chittick**, *The*

Sufi Path of Knowledge, Seiten 309-331.

51 **Hadīth Qudsī**, zitiert von Schimmel, *Mystische Dimensionen des Islams*, S. 148

52 **William Blake**, Fragment aus »*Weissagungen der Unschuld*«.

53 *The Essential Rumi*, übersetzt ins Englische von Coleman Barks, S.36

54 Die meisten Sufi-Orden praktizieren das *Dhikr* (*dhikr jalī*) mit der Stimme. Die Naqshbandis sind als die stillen Sufis bekannt, weil sie das stille *Dhikr* (*dhikr khafī*) praktizieren.

55 **Matsuo Bashô**.

56 Adaptiert von **Sarrāj**, »Es gibt einen *Shāhid* in allem, was zeigt, dass Er eins ist.« Zitiert von **Hellmut Ritter**, *The Ocean of the Soul*, S. 484.

57 **Theragatha**, Vers 548.

58 **Bahā ad-Dīn Naqshband**, *Von den ersten elf Naqhsbandi Prinzipien*, www.goldensufi.org/g_elf_prinzipien.html.

59 Transkribiert von **Paul Reps**, *Zen Flesh, Zen Bones*, S 194.

60 Interessanterweise beschreiben andere Sufi-Lehren das Umgekehrte, dass uns das Einatmen in die Welt der Schöpfung bringt und das Ausatmen zu der Quelle zurück:
Der Rhythmus, dem der Atem unterworfen ist, ist der Rhythmus von Schöpfung und Auflösung, von Schönheit und Majestät. Einatmen stellt die Schöpfung dar, das heißt die äußere Manifestation der Göttlichen Eigenschaften, das Fließen der Tinte vom *Alif* in das *Bā'* und die anderen Buchstaben des Alphabets; Ausatmen bedeutet die Rückkehr der Eigenschaften zur Essenz; das nächste Einatmen ist eine neue Schöpfung und so weiter. Der letzte Hauch [d.h. das letzte Ausatmen eines Sterbenden] symbolisiert die Verwirklichung der Unveränderlichkeit, die den illusorischen Wechselhaftigkeiten der Schöpfung und Auflösung unterliegt, die Realisierung der Wahrheit, dass »Gott war und es neben Ihm nichts je gegeben hat. Er ist jetzt, wie Er immer war.« Zitiert von **Martin Lings**, *A Sufi Saint of the Twentieth Century*, S. 159.

61 **Koran**, Sure 2:115.

62 **Meister Hsu Yun**, *Poems on the Oxherding Series*.

63 Aus *Befriending the Earth: A Theology of Reconciliation Between Humans and the Earth*, **Thomas Berry** und **Thomas Clark**.

64 Analog dazu haben Individuen und spirituelle Gemeinschaften in

der Vergangenheit für die Menschheit gebetet, oder für spezifische Orte in der Welt, wo Gebete benötigt werden.

65 Für eine vertiefte Diskussion des »Lichtnetzes«, siehe **Vaughan-Lee**, *Mit der Einheit arbeiten*, S. 152-156

66 Die heutige »interspirituelle Bewegung« ist eine wertvolle Anerkennung der gemeinsamen Werte, die allen echten spirituellen Traditionen zu Grunde liegen, des Wissens, wie alles zu einem lebendigen Ganzen gehört.

5.

DIE BEIDEN POLE DER LIEBE

67 Anders als in anderen Traditionen ist im Buddhismus die Dualität von Leere und Mitgefühl als weiblich und männlich und nicht umgekehrt bekannt. Die Leere (oder die Weisheit von der Leere) ist der Raum des Weiblichen, während Mitgefühl – versinnbildlicht in Buddha und den Bodhisattvas – der männliche Aspekt ist, die lebendige Wahrheit, die sich geschickt in der Schöpfung manifestiert.

68 1. **Moses**, 3:14. Die Antwort, die Gott gab, als Moses nach Seinem Namen fragte.

69 Zitiert von **Bhatnagar**, *Dimensions of Classical Sufi Thought*, S. 89.

70 Zitiert von **Schimmel**, *Deciphering the Signs of God*, S. 220.

71 Ebenda, S. 226

72 1. **Moses**, 6:17

73 **Matthäus**, 10:34

74 *Light upon Light*, übersetzt von Andrew Harvey, S. 79.

75 **Johannes 1,** 4:8 (Lutherbibel)

76 Rūmī: *Fragments, Ecstasies*, übersetzt ins Englische von Daniel Liebert, S. 40.

77 Rūmī, »Some Kiss We Want«, *Like This*, übersetzt ins Englische von Coleman Barks, S. 16.

78 Von »Sixty Songs of Milarepa«, übersetzt ins Englische von Garma C.C.Chang, Buddha Net's eBook Library: www.buddhanet.net/pdf_file/60songs.pdf

79 Hadīth qudsī, zitiert von **al-Ghāzzali**, zitiert von **Annemarie Schimmel**, *Mystische Dimensionen des Islam. Die Geschichte des Sufismus.* Köln 1985: Diederichs. S. 203

6.
DIE MAGIE DER SCHÖPFUNG

80 »God's Grandeur«, *Poems and Prose of Gerard Manley Hopkins*.

81 **Mawlānā 'Ali ibn Husain Safî**, *Beads of Dew From the Source of Life*, S. 310.

82 **Thomas Berry** schrieb: »Das Universum ist eine Kommunion von Subjekten, nicht eine Ansammlung von Objekten.«

83 **C.G. Jung**, *Alchemical Studies (Collected Works, Band 13)*, Paragraph 256.

84 **Peter Kingsley**: »The Path of the Ancient Sages«, *Crossing Religious Frontiers*, herausgegeben von Harry Oldmeadow, S. 48.

85 Dies ist ganz spezifisch im Römischen Reich im Jahr 392 vor Christus geschehen, als der Kaiser Theodosius ein Gesetz verabschiedete, das jeglichen heidnischen Kult verbot und erdbezogene Spiritualität verfolgt wurde.

86 **Gerard Manley Hopkins**, *Gedichte*. Englisch/Deutsch. In der Übersetzung von Ursula Clemen und Friedhelm Kemp. Stuttgart 1973. S. 76f.

87 Dies nennen die Chinesen die »Drachenlinien«; in England heißen sie die »Landlinien«.

88 Siehe **Jules Cashford**, »Gaia und die Anima Mundi«, *Spirituelle Ökologie*, hrsg. von Llewellyn Vaughan-Lee, S. 189-197.

89 *Die Karawane der Derwische – Die Lehren der großen Sufi-Meister* (Hrsg. Llewellyn Vaughan-Lee), S. 111.

90 Das Wissen der indigenen Völker um die spirituelle Dimension der Schöpfung entsprang eher einer instinktiven Ebene des Bewusstseins. Wir können nicht zu dieser reinen, instinktiven Einheit mit dem Leben zurückkehren, sondern müssen unser individuelles Bewusstsein wieder mit der Ganzheit des Lebens verbinden und einen Schritt vorwärts gehen, in ein neues Bewusstsein der Einheit.

7.
SCHLEIER DES LICHTS,
SCHLEIER DER DUNKELHEIT

91 Hadīth

92 **Rūmī:** *Fragments, Ecstasies,* übersetzt ins Englische von Daniel Liebert, S. 14. Etwas Ähnliches schreibt **Ibn ʿArabī:** »Die Frau ist die höchste Form irdischer Schönheit, doch irdische Schönheit ist nichts, außer sie ist eine Manifestation und eine Widerspiegelung Göttlicher Eigenschaften.«

93 *Jami: Yusuf and Zulaikha,* übersetzt von David Pendlebury, S. 56.

94 **Mathnawī,** III:526, übersetzt von Chittik, *The Sufi Path of Love,* S. 22.

95 Der Heilige John Ruysbroeck, *Adornment of the Spiritual Marriage.*

96 Jede Spezies, die willentlich ihr eigenes Ökosystem zerstört, ist mit einer pathologischen Selbstzerstörung beschäftigt.

97 **Joanna Macy** wiederholt dies mit ihrer Aussage: »Das Radikalste, was jemand von uns in dieser Zeit tun kann, ist es, ganz mit dem präsent zu sein, was in der Welt geschieht.«
Siehe www.joannamacy.net.

98 Die Hindu-Chronologie beschreibt die gegenwärtige Zeit als *Kali Yuga,* die dunkelste der vier Ären der Erde. *Kali Yuga* ist das Dunkle Zeitalter, während dem die menschliche Zivilisation spirituell degeneriert.

99 In meiner eigenen Erfahrung ist es einfacher, die Illusionen dieser gegenwärtigen Zeit in einem gewissen Maß zu akzeptieren, als zu versuchen, sich ganz davon zu befreien.

100 Ich frage mich manchmal, ob unsere Sucht nach dem Mythos des Materialismus teilweise eine Rache der Großen Mutter ist. Unsere patriarchale Kultur hat das heilige Weibliche abgelehnt, versucht, die Natur zu beherrschen, und ihre Rache ist es, uns in ihrer Welt der Materie gefangen zu halten, immer mächtigere Illusionen zu spinnen, die uns bestrafen und einfangen. Und wir sind uns nicht einmal bewusst, was geschieht.

101 Viele verschiedene Leute beschreiben heute die Notwendigkeit einer »neuen Geschichte«, um unsere Welt zu verändern. So spricht zum Beispiel Joanna Macy von der »Großen Wende« als dem nächsten Schritt in unserer kollektiven Evolution. Doch in diesem wichti-

gen Dialog scheint es wenig Bewusstsein über die innere Macht zu geben, die gebraucht wird, um den Fluch des Materialismus zu brechen, über die Tatsache, dass bewusstes Gewahrsein und äußere Aktion alleine nicht genug sind, um uns von unserer Sucht nach den Massenvergnügungen, die uns umgeben, zu befreien. Doch Thomas Berry spricht vom Bedürfnis einer »kreativen Verzauberung, die der destruktiven Verhexung folgt, die von unserer westlichen Seele in den letzten Jahrhunderten Besitz genommen hat.« Siehe »The Ecozoic Era«, *Eleventh Annual E.F. Schumacher Lectures*, October 1991.

8.

DIE RÜCKKEHR ZUR WIRKLICHKEIT

102 *Dewdrops on a Lotus Leaf*, übers. ins Englische von John Stevens
103 *Natural Perfection: Longchenpa's Radical Dzogchen*, übers. von Keith Dowman, S. 62.
104 «Little Gidding«, *Four Quartets*.
105 »Der kleine schwarze Junge«, *Lieder der Unschuld und Erfahrung*, Übersetzung von members.aon.at/schim/der_kleine_schwarze_junge.doc
106 **Rūmī**, Mathnawī, I:1-11.
107 **Rūmī**, *Rumi: Fragments, Ecstasies*, übersetzt ins Englische von Daniel Liebert, S. 41.
108 Zitiert von Sara Sviri, »From Polarity to Oneness in Sufi Psychology«, *Jung and the Post Jungians*, S. 208.
109 Jeder Mensch kann durch den einfachen Akt der Liebe und Fürsorge für einen anderen Menschen Liebe in die Welt bringen. Spirituelle Praktiken können diesen Prozess dramatisch beschleunigen, indem sie den Menschen über das Persönliche hinausnehmen und ihn zu einem leeren Raum werden lassen, wo Liebe in die Welt fließen kann.
110 **Hadīth**, zitiert von William Chittick, *The Sufi Path of Knowledge*, S. 103.
111 *The Book of Secrets*, übersetzt ins Englische von Lynn Finnegan, Kapitel 55, Zeilen 642-643.
112 Dies ist ein Ausdruck spiritueller Armut, um Rūmī zu zitieren:

»Gestern Nacht lehrte mein Lehrer mich die Lektion der Armut:
Nichts haben und nichts wollen.«

113 **Matsuo Bashô**

114 **Rūmī,** »The Soul of the World«, *Rumi Poet and Mystic,* übersetzt ins
Englische von R.A. Nicholson, Seiten 182-183.

BIBLIOGRAPHIE

Abdel-Kader, Ali Hassan. *The Life, Personality and Writings of Al-Junayd.* London: Luzac & Company, 1976.

Al-Jīlānī. *The Secret of Secrets.* Übersetzt ins Englische von Tosun Bayrak. Cambridge: Islamic Texts Society, 1992.

Bhatnagar, R.S. *Dimensions of Classical Sufi Thought.* Delhi: Motila, Banarsidass, 1984.

Buehler, Arthur. *Revealed Grace.* Louisville, KY: Fons Vitae, 2011.

Chittick, William C. *The Sufi Path of Knowledge.* Albany, NY: State University of New York Press, 1989. *The Sufi Path of Love.* Albany, NY: State University of New York Press, 1983.

Corbin, Henry. *Creative Imagination in the Sūfism of Ibn 'Arabī.* Princeton: University Press, 1969.

Eliot, T.S. *Four Quartets.* London: Faber and Faber, 1944.
 – Deutsche Ausgabe: *Vier Quartette,* Frankfurt 2015, Suhrkamp

Hopkins, Gerard Manley. *The Poems and Prose of Gerard Manley Hopkins.* Harmondsworth: Penguin Books, 1953.
 – Deutsche Ausgabe: *Gedichte-Schriften-Briefe,* München 1954, Kösel.

Huang Po. *The Zen Teaching of Huang Po.* Übersetzt von John Blofeld. New York: Grove Press, 1994.
 – Deutsche Ausgabe: *Der Geist des Zen: Die legendären Aussprüche und Ansprachen des Huang Po,* München 2011, O.W. Barth.

Ibn 'Arabī. *The Seven Days of the Heart.* Übersetzt von Pablo Beneito und Stephen Hirtenstein. Oxford: Anqa Publishing, 2011. *Whoso Knoweth Himself.* Oxford: Beshara Publications, 1976.

Jāmī. *Yusuf and Zulaikha.* Übersetzt ins Englische von David Pendlebury. London: Octagon Press, 1980.

Klein, Anne Carolyn, and Geshe Tenzin Wangyal. *Unbounded Wholeness: Dzogchen, Bon, and the Logic of the Nonconceptual.* Oxford: Oxford University Press, 2006.

Lao Tsu. *Tao Te Ching.* Übersetzt von Gia-Fu Feng, Jane English, und Toinette Lippe. New York: Vintage Books, 1989.
– Deutsche Ausgabe: *Tao Te King – Das Buch vom Sinn und Leben,* verschiedene Ausgaben

Lings, Martin. *A Sufi Saint of the Twentieth Century.* Cambridge: Islamic Texts Society, 1993.
– Deutsche Ausgabe: *Ein Sufi-Heiliger des zwanzigsten Jahrhunderts,* Spohr Publishers Limited 2005.

Massignon, Louis. *The Passion of al-Hallaj.* Princeton: Princeton University Press, 1982.

Matthiessen, Peter. *Nine-Headed Dragon River.* London: Fontana, 1987.
– Deutsche Ausgabe: *Am Fluß des neunköpfigen Drachens,* Reinbek 1990, Rowohlt.

Merton, Thomas. *Collected Poems of Thomas Merton.* New York: New Directions Publishing, 1977.

Norbu, Chogyal Namkhai. *The Crystal and the Way of Light: Sutra, Tantra, and Dzogchen.* Ithaca, NY: Snow Lion Publications, 2000.
– Deutsche Ausgabe: *Dzogchen, der Weg des Lichts. Die Lehren von Sutra, Tantra und Ati-Yoga,* Oberstdorf 2011, Windpferd.

Oldmeadow, Harry, ed. *Crossing Religious Frontiers.* Bloomington, IN. World Wisdom, 2010.

Rabjam, Lonchen. *Natural Perfection: Longchenpa's Radical Dzogchen.* Übersetzt von Keith Dowman. Boston: Wisdom Publications, 2010.

Reps, Paul, und **Senzaki Nyogen.** *Zen Flesh, Zen Bones: A Collection of Zen and Pre-Zen Writings.* Rutland, VT: Tuttle, 1957.
– Deutsche Ausgabe: *Ohne Worte – ohne Schweigen. 101 Zen-Geschichten,* München 2003, O.W. Barth.

Ritter, Hellmut. *The Ocean of the Soul: Men, the World and God in the Stories of Farīd al-Dīn 'Attār.* Übersetzt von John O'Kane. Leiden, Netherlands; Brill Academic Pub, 2012.

Rūmī. *Light Upon Light.* Übersetzt ins Englische von Andrew Harvey. Berkeley: North Atlantic Books, 1996.
Like This. Übersetzt ins Englische von Coleman Barks. Athens, GA: Maypop Books, 1990.
Night and Sleep. Übersetzt ins Englische von Robert Bly und Coleman Baks. Cambridge, MA: Yellow Moon Press, 1981.
Rumi: Fragments, Ecstasies. Übersetzt ins Englische von Daniel Liebert. Santa Fe, NM: Source Books, 1981.

Rumi: Poet and Mystic. Übersetzt ins Englische von
R.A. Nicholson. London: Books, 1994.

Ruysbroek. *The Blessed John. Adornment of the Spiritual Marriage.*
London: Dent, 1916.

Ryokan. *Dewdrops on a Lotus Leaf: Zen Poems of Ryokan.*
Übersetzt ins Englische von. John Stevens. Boston: Shambhala, 2013.
– Deutsche Ausgabe: *Alle Dinge sind im Herzen – Poetische Zen-
Weisheiten*, Freiburg 2013, Herder)

Safī, Mawlānā 'Ali ibn Husain. *Rashahāt 'Ain al-Hayāt (Beads of Dew
from the Source of Life).* Fort Lauderdale, FL: Al-Baz Publications, 2001.

Schimmel, Annemarie. *Deciphering the Signs of God.*
Albany, NY. State University of New York Press, 1994.
Mystical Dimensions of Islam.
Chapel Hill: University of North Carolina Press, 1975.
– Deutsche Ausgabe: *Mystische Dimensionen des Islam.*
Köln 1985, Diederichs.
The Triumphal Sun.
Albany, NY: State University of New York Press, 1978.

Serrano, Miguel. *The Story of an Indian Pilgrimage.*
New York: Harper Colophon, 1972.

Shah, Idries. *The Way of the Sufi.* Harmondsworth: Penguin Books, 1974.

Tweedie, Irina. *Daughter of Fire: A Diary of a Spiritual Training with a
Sufi Master.* Nevada City, CA: Blue Dolphin Publishing, 1986.
– Deutsche Ausgabe: *Der Weg durchs Feuer. Tagebuch einer spirituel-
len Schulung durch einen Sufi-Meister.* Interlaken 1988, Ansata.

Vaughan-Lee, Llewellyn. *Fragments of a Love Story: Reflections on the
Life of a Mystic.* Point Reyes, CA: The Golden Sufi Center, 2011.
– Deutsche Ausgabe: *Fragmente einer Liebesgeschichte. Betrachtungen
über das Leben eines Mystikers.* Bern 2012, Oneness Center Publishing.
(Herausgeber), *Spiritual Ecology. The Cry of the Earth.*
Point Reyes, CA: The Golden Sufi Center, 2013.
– Deutsche Ausgabe: *Spirituelle Ökologie: Der Ruf der Erde,*
Saarbrücken 2015, Neue Erde.
Working with Oneness. Point Reyes, CA: The Golden Sufi Center, 2002
– Deutsche Ausgabe: *Mit der Einheit arbeiten.*
Point Reyes, CA 2002: The Golden Sufi Center.

Yeats. W.B. übersetzt (mit Shree Purohit Swāmi). *The Ten Principal
Upanishads.* London: Faber und Faber, 1937.

DANKSAGUNG

ÜBER DIE AUTOREN

 **Llewellyn Vaughan-Lee**, Dr. phil., 1953 in London geboren, ist ein Sufi-Lehrer. Er folgt dem Naqsh-bandiyya-Mujaddidiyya-Sufi-Pfad seit seinem 19. Lebensjahr. 1991 trat er die Nachfolge von Irina Tweedie an, welche diesen indischen Zweig des Sufismus in den Westen brachte und das Buch *Der Weg durchs Feuer: Tagebuch einer spirituellen Schulung durch einen Sufi-Meister* verfasste. Llewellyn Vaughan-Lee zog nach Nordkalifornien und gründete dort das Golden Sufi Center (www.goldensufi.org). Er ist Autor zahlreicher Bücher. Sein Spezialgebiet ist die Traumarbeit, die alte Sufi-Methode der Traumdeutung, in Verbindung mit den Erkenntnissen der Psychologie C.G. Jungs. Seit dem Jahr 2000 liegt der Schwerpunkt seines Schreibens und Lehrens auf der spirituellen Verantwortung in der heutigen Zeit des Übergangs und dem erwachenden globalen Bewusstsein der Einheit. Seine neuesten Bücher befassen sich mit dem Weiblichen und der *Anima Mundi* (Weltseele) und spiritueller Ökologie (www.workingwithoneness.org). Llewellyn Vaughan-Lee trat in der Fernsehserie *Global Spirit* auf und wurde von Oprah Winfrey in der Serie *Super Soul Sunday* interviewt.

Hilary Hart ist die Autorin von Büchern über Mystik mit Fokus auf Frauen und weibliches Bewusstsein. Sie ist seit 1998 auf dem Sufi Pfad. Ursprünglich aus New England, lebt Hilary Hart heute in Taos, New Mexico. Zu ihren Publikationen gehören *Body of Wisdom: Women's Spiritual Power and How it Serves* und *The Unknown She: Eight Faces of an Emerging Consciousness.*